Angela Seifert / Theodor Seifert

So ein Zufall!

Angela Seifert / Theodor Seifert

So ein Zufall!

Synchronizität und der Sinn von Zufällen

HERDER

FREIBURG · BASEL · WIEN

Gedruckt auf umweltfreundlichem,
chlorfrei gebleichtem Papier

3. Auflage

www.herder.de
Satz: Rudolf Kempf, Emmendingen
Herstellung: fgb · freiburger graphische betriebe 2001
www.fgb.de
ISBN 3-451-27552-X

Inhalt

Zur Einstimmung 9

Ein erster Lichtblick 13

Teil 1: Wege durch die Zeiten 29

1. Kapitel Ein „bekräftigender Händedruck quer durch die Zeit“ 31
Wissen ist allgegenwärtig und stetig 32
Geheimnisvolle Verbindungen 35
Physik und Energie 37
Physik und Bewusstsein 38
Physik und Symbole 39
Physik und Psychologie 41

2. Kapitel Wir leben in der Zeit 43
Zeit ist zeitlos 43
Zeit als Illusion 46
Kali, die alles verschlingende Große Mutter 47
Chronos – Vater der Zeit 50

3. Kapitel „Als die Zeit erfüllet war“ 52
Schicksalsmächte 53
Ein Rosen-Mandala 56
Lichtkinder 58

4. Kapitel Kairos, der rechte Augenblick 62
Eine gute Fügung 62
Die Lösung liegt immer schon bereit 64
Wann ereignet sich Kairos? 70
Das Entscheidungs-Gravitationsfeld 71

5. Kapitel Was ist „Erleuchtung“? 74
Nicht dies – nicht das 74
Der „Casablanca-Effekt“ 76
In Balance sein 79
Das Erwachen 81
Bewusstseins-Schwingungen 83

Teil 2: Mit Synchronizitäten leben 89

1. Kapitel Zu werden, der ich bin, der du bist 92
„Ich bin“-Sätze, die mein Leben bestimmen 93
„Wahres“ und „falsches“ Selbst 97
Der Regenwurm in der Praxis 102
Von Mutter Maria sanft an der Schulter berührt 104
Es ist immer alles da 106
Kein Grundwasser mehr 107

2. Kapitel Erfahrungen im Alltag 111
Die Schachtel Pralinen 111
Eine Postkarte führt weiter 113
Die „Patientenverfügung“ mit der
Schwiegermutter 114
„Schwiegermutter“ und „New York“ 115

3. Kapitel Die Welt wird transparent 118
Der Flug von Eilat nach Tel Aviv 119

Als Notarzt unterwegs 120
Bachs „Goldberg-Variationen“,
gespielt von Glenn Gould 123

4. Kapitel Hoffnung und Freundschaft 127
Der Regenbogen und eine Tasse Kaffee 127
Unerwarteter Trost – Tränen und Narzissen 129
Auch im Dunkeln warten die Freunde 131
Und im Dunkel warteten die Schöpfer 134
Das Buchgeschenk 135

5. Kapitel Erkennen des Weges 137
Und dann fragte er mich nach meinem
Aszendenten 137
Ich finde meinen Weg 139
Zur rechten Zeit der Weg zur Kosmetik 141
Der alte Buchwagen in Berlin 143

6. Kapitel Blicke über den Tod hinaus 146
Bis ins Totenreich hinein 146
Der Schmetterling 149

Teil 3: Der Blick auf das Ganze 153

1. Kapitel Das Prinzip von Ursache und Wirkung 158
Die Kausalität bestimmt unser Leben 159
Tennisbälle, Billardkugeln und 10 hoch
25 Moleküle 162

2. Kapitel Im Umkreis der Synchronizität 165
Gleichzeitigkeiten 165
Das Gesetz der Serialität 166

Elastizität von Zeit und Raum 168
Das Leben umspannende Gleichzeitigkeiten 172

3. Kapitel Wolfgang Pauli und C. G. Jung –
Wegbereiter der Synchronizität 174
Die Psyche als „unausgedehnte Intensität" 175
Der „Pauli-Effekt" 177

4. Kapitel Die andere Dimension – Sinn 179
Das Subjekt wird wieder zum zentralen
Bezugspunkt 180
Eine präkarzinöse Hautveränderung 181
Die Botschaft des Scarabaeus 183
„Ich könnte alle Spiegel zerschlagen" 185

5. Kapitel Schöpfungsakte in der Zeit 188
Evolution und Emergenz 189
Schöpfungsakte in der Zeit 190

6. Kapitel Das Ewige Nun – Botschaften der Mystiker . . 192
Aus Zwei wird Eins 193
Achtsamkeit im Alltag 195
Zurück zu den Visionen der Kindheit 197

7. Kapitel Wechselwirkungen 200
Von innen nach außen 200
Von außen nach innen 202
Kreationen aus dem Unbewussten 205
Das ewige Spiel 209
Fazit 214

Anmerkungen 219

Zur Einstimmung

Dies ist ein ungewöhnliches Buch. Es handelt von eigenartigen Zufällen und merkwürdigen Geschichten. Es beschäftigt sich mit dem Wesen der Psyche und der Zeit. Sowohl mit der individuellen Seele des einzelnen Menschen, die oft voller Geheimnisse steckt, als auch mit dem kollektiven Unbewussten, das überraschende Antworten auf aktuelle Fragen gibt.

Was fast jeden Menschen am meisten beschäftigt, betrifft den Sinn des Lebens. Denn vieles im Alltag, das unangenehm ist, das Sorgen, Leid, Kummer und Schmerzen verursacht, kann besser ertragen werden, wenn man weiß: „Mein Dasein hat einen Sinn. Es ist sinnvoll für mich und die anderen, dass es mich gibt."

Man kann sagen, dass die Frage nach dem Sinn, sowohl des individuellen als auch des Lebens überhaupt, von den Anfangszeiten der Menschheit an bis heute immer wieder gestellt wird.

Aus diesem Bedürfnis, den Sinn zu finden, haben sich im Laufe der Zeit die Wissenschaften gebildet, denn die Menschen begannen, die Natur zu beobachten und über ihr eigenes Verhalten und die entsprechenden Antriebe dazu nachzudenken.

So haben sich im Laufe der Zeit Gesetze entwickelt und Regeln gebildet, die dem Menschen Sicherheit vermitteln und Halt geben. Doch manchmal geschieht auch etwas, das nicht einzuordnen ist in das Bekannte des Lebens, das verunsichert und Fragen aufwirft, wie zum Beispiel erstaunliche Zufälle, die plötzlich auftreten. Viele Menschen haben schon solche Zufälle erlebt, die sie für unwahrscheinlich halten, die sie sich nicht erklären können und dann meistens schnell beiseite legen und darüber schweigen. Weil sie fürchten, nicht ernst genommen oder ausgelacht zu werden, wenn sie darüber berichten.

Doch wenn wir sie unter dem Gesichtspunkt der Psychologie, wie C. G. Jung sie erarbeitet hat, betrachten, stellen wir meist mit Überraschung fest, dass diese Erscheinungen, die er „Synchronizitäten" genannt hat, dem Betreffenden seinen Sinn vermitteln. Dies macht sie so aufregend und entspannend zugleich, denn sie wirken wie kleine Erleuchtungen, die Neues erkennen lassen und den Alltag erhellen.

Wir haben viele dieser sinnstiftenden Geschichten gesammelt und berichten über sie in diesem Buch. Wir stellen sie in den Kontext von wissenschaftlichen Überlegungen aus den Bereichen Physik und Philosophie und reichern sie an mit Wissenswertem aus der Welt der großen Symbole, wie sie in Träumen, Mythen und Märchen sowie Vorstellungen der zeitübergreifenden Weisheitslehren der Menschheit beschrieben sind.

Damit verbinden wir unser persönliches Anliegen: Menschen, die auf der Suche sind nach sich selbst, nach ihrer individuellen Wahrheit, ihrem eigenen Sinn sowie nach dem, was „die Welt im Innersten zusammenhält", und die darüber hinaus auch der spirituellen Erfahrung in ihrem Leben einen Raum geben möchten, Beispiele hierfür zu geben und ihnen zu zeigen, dass es sich lohnt, auf der Suche zu sein.

Dass wir dieses Buch geschrieben haben, verdanken wir Frau Dr. Karin Walter, unserer Lektorin im Verlag Herder, die nicht lockergelassen und uns immer wieder ermutigt hat, uns mit diesem Thema zu beschäftigen. Dafür sagen wir ihr herzlichen Dank. Und wir bedanken uns auch bei allen Menschen, die uns ihr Vertrauen geschenkt und gestattet haben, die wundersamen Geschichten, die sie erlebten, in dieses Buch aufzunehmen.

Letztendlich jedoch verdanken wir dieses Buch dem sinnvollen Zufall, der uns zur Jungschen Psychologie und von da aus in die weiten Räume der Synchronizitäten, der Physik und Weisheitslehren geführt hat.

Ein erster Lichtblick

Oft wünschen sich Menschen, ihr Leben möge leichter und einfacher sein, mit weniger Schwierigkeiten behaftet, mit Wegen, die eher einem weichen, federnden Waldboden gleichen als einer mit tiefen Rissen und Schlaglöchern aufgerissenen Straße am Ende eines strengen Winters. Diese Menschen fragen sich, warum gerade ihr Leben so wenig Vergnügliches, wenig Aufregendes, wenig Bedeutungsvolles enthält. Sie hadern manchmal mit der Eintönigkeit und Farblosigkeit ihres Lebens, das träge dahinfließt wie ein langsamer Strom, und sie wünschen sich, es könnte mehr Freude in ihrem Leben sein, mehr Pep, mehr Pfiff, mehr Extravaganz, mehr Mut zum unkonventionellen Sein. Und – last but not least –: die meisten Menschen haben eine unendliche Sehnsucht danach, angstfrei leben zu können, geschützt, geborgen, aufgehoben, geführt.

Psychotherapien werden in der Regel aus einem Leidensdruck heraus begonnen. Es gibt Beschwerden der verschiedensten Art. Seelische – wie Ängste, Depressionen, Zwänge – und körperliche – wie Atembeklemmungen, Herz- und Magenschmerzen, Schlafstörungen und viele andere mehr.

Immer jedoch, gleichgültig welcher Art das berichtete Leid sein mag, stehen schnell Fragen im Vordergrund, wie: „Wer bin ich? – Was will ich? – Was soll ich?“ Dieses „Was soll ich?“ ist zu verstehen als Frage nach der Lebensaufgabe, nach dem Sinn des Lebens.

„Welchen Auftrag hat das Leben an mich? – Was soll ich erfüllen? – Hat mein Dasein einen bestimmten Sinn?“ Denn ohne Sinn scheint das Leben nicht lebenswert zu sein.

Wenn sich Menschen jedoch intensiv mit solchen Fragen beschäftigen, geschieht häufig auf einmal Erstaunliches. Zum Beispiel Folgendes:

Eine Frau, deren Alltag gerade nicht ‚wie am Schnürchen‘ läuft, die unzufrieden ist mit sich und der Welt, die hadert mit ihrer Gehemmtheit, welche ihr viele interessante Lebensmöglichkeiten erschwert, geht eines Nachmittags mit dem Hund spazieren, um sich so ein wenig Erleichterung zu verschaffen. Plötzlich – sie weiß nicht, woher er auf einmal kommt – ist der Gedanke in ihrem Kopf: „Ich sollte eigentlich leben wie eine Zigeunerin.“ Sie ist überrascht, denn so hat sie noch nie über sich gedacht. Sie fühlt sich aber auch beschwingt und schläft in der kommenden Nacht nach langer Zeit einmal wieder schnell ein, um am nächsten Morgen wie erfrischt zu erwachen.

Der Gang zum Briefkasten dann beschert ihr eine Überraschung: Sie hatte vor wenigen Wochen einen psychologischen Astrologen gebeten, ihr Horoskop zu erstellen und die Möglichkeiten und Aufgaben für sie in diesem Leben herauszufinden. Nun liegt seine Antwort auf einer Tonband-Kassette im Briefkasten. Gespannt lässt sie die Kassette gleich laufen. Wie überrascht ist sie, als er nach einigen einleitenden Sätzen sagt: „Sie sollten eigentlich leben wie eine Zigeunerin.“

Die Frau kann es kaum glauben, dass der Satz, der gestern in ihrem Kopf auftauchte, heute auf dem Tonband zu hören ist – exakt in derselben Formulierung. So als hätte ihr Gehirn schon mal in das Tonband hineingehört.

Obwohl sie sich nicht erklären kann, wie es zu dieser Gleichzeitigkeit von innen und außen gekommen sein konnte, löst dieses Erlebnis viel in ihr aus. Es ist, als stünde sie plötzlich in einem „Feld von Überraschungen". Wenn das hier geschehen ist, kann noch mehr Unerwartetes kommen. Die Stockung, in der sie sich befunden hat, und die Missstimmung, die ihren Alltag in der letzten Zeit grau und eintönig erscheinen ließ, sind auf einmal wie weggeblasen. Die Lebensluft ist wieder klar und frisch wie nach einem Gewitter, das die drückende Schwüle vertrieben hat. Neue Kräfte fließen ihr zu – es ist Frühling geworden in ihrem Inneren.

Nun geht es für sie darum, herauszufinden, was es heißt, heute hier, in ihrem Alltag, zu leben wie eine Zigeunerin. Sie geht also einer spannenden Zeit entgegen.

Man kann sagen, dass dieses Zusammenfallen des gleichen Satzes im Kopf der Frau und einige Stunden später auf dem Tonband ein bloßer Zufall wäre. Wenn der Begriff „Zufall" im wahrsten Sinne des Wortes verstanden wird, nämlich als ein „Zufallen" von etwas, dann erfasst man das Geschehen unseres Erachtens sehr richtig. Dieser Frau ist tatsächlich einiges zugefallen: Erstaunen, Freude, neue Kräfte. Sie wurde herausgerissen aus einer bedrückenden Enge des Lebenszuschnitts, in die sie in der letzten Zeit immer stärker hineingeraten war. Nun ist wieder eine Öffnung für Neues da, ihr Denken, das sich mehr und mehr in eine ungute Kreisbewegung hineingedreht hatte, wurde aufgebrochen, und diese Lockerung gibt ihr verschiedene Möglichkeiten für eine andere Sicht ihres Lebens. Ihr Dasein hat plötzlich wieder Sinn.

Synchronizitäten erweitern meinen inneren Horizont und laden ein zu einer neuen Sicht meines Lebens.

Jedoch nicht alle Menschen reagieren auf solche „Zufälle", die wir hier „Synchronizitäten" nennen, so erfreut wie diese Frau. C. G. Jung, Schweizer Psychiater, Psychoanalytiker und Psychotherapeut, hat sich mit den Phänomenen der „Synchronizität" befasst und sie in die Psychologie bzw. Psychotherapie eingeführt.

Es gibt auch andere Reaktionen auf solche „unheimlichen Zufälle", wie ein Klient sie nannte. Er berichtete eine Erfahrung, bei der es ihm „kalt den Rücken herunter lief":

Er war geschäftlich in Amerika gewesen und befand sich auf dem Rückflug. Im Flugzeug beschäftigten ihn noch die Verhandlungen mit den amerikanischen Geschäftspartnern, die sich als schwierig erwiesen hatten. Er blätterte in den entsprechenden Unterlagen, als „mir plötzlich durch den Kopf schoss, dass ich noch bei dem Reiseveranstalter für die Sprachferien meiner Söhne über die Angebote nachfragen will". Er vermerkte dies in seinem Terminkalender und widmete sich wieder seinen Geschäftspapieren.

Nach der Landung, während er auf sein Gepäck wartete, öffnete er die Mailbox seines Funktelefons, weil er wichtige geschäftliche Nachrichten seiner Firma erwartete. Doch statt der Informationen aus seinem Betrieb fand er einen Anruf von just diesem Reiseveranstalter, an den er während des Fluges gedacht hatte. Er rechnete nach: dieser Anruf erreichte sein Handy genau zu dem Zeitpunkt, als er an den Mann gedacht hatte bzw. als dessen Name völlig unerwartet in seinem Kopf auftauchte.

„Mir war ein wenig unheimlich zumute, als ich mir das klarmachte", sagte er in unserem Gespräch.

Wenn wir das Wort „unheimlich" genau nehmen, dann heißt das doch, dass etwas, was bisher „heimlich" gewesen ist, nun „unheimlich" wurde. Und genau darum geht es in diesem Buch. Wir wollen aufzeigen, dass es Ereignisse „zwischen Himmel und Erde" gibt, die nicht mehr heimlich, unbemerkt vom menschlichen Bewusstsein geschehen, sondern die uns – zunächst einmal – unheimlich werden, weil unser Bewusstsein jetzt offenbar in der Lage ist, diese Ereignisse wahrzunehmen. Im Weiteren wird es dann auch darum gehen, diese Ereignisse zu verstehen, sie einzuordnen in unseren Alltag, in unser Leben. Denn sie verbinden unser oft etwas schwerfälliges Erdenleben mit dem leichten, luftigen Bereich des Geistes. Unsere dem Körper verhaftete Seele, die sich häufig schwer tut mit ihrem Los, die durchdrungen ist von Ängsten, Zweifeln, Unsicherheiten, die unter heftigen, sie erschütternden Emotionen leidet, sehnt sich nach Sicherheit, Leichtigkeit, Ruhe und Frieden. Diese findet sie immer dann, wenn sie weiß: Mein Dasein hat einen Sinn. Dann ist sie besser in der Lage, die Mühsale des Alltags anzunehmen.

Und hier ist es interessant, sich mit der ursprünglichen Bedeutung des Wortes „Sinn" zu beschäftigen. Im etymologischen Wörterbuch können wir lesen, dass „Sinn" vom nord- und mittelhochdeutschen Wort „sinnan", „sinnen" stammt, und das bedeutet „reisen", „streben", „gehen". Die gleiche Wurzel steckt im germanischen Wort für „Reise", „Weg".

Die menschliche Seele möchte offenbar einen Weg finden, sie möchte eine Reise machen, sie möchte weitergehen. Wohin? Natürlich nach Hause. Die Mystiker sprechen davon: Die Seele will zu Gott, will dahin zurückkehren, woher sie gekommen ist. Das Sein in der Materie, im Körper des Menschen, erlebt sie als anstrengend und leidvoll, deshalb will sie wieder frei werden.

Nicht nur die Mystiker, alle Religionen sprechen davon. Doch die Mystiker kennen den direkten Weg, sozusagen die „Zielgerade". Wir werden sie später noch näher anschauen.

Wenn wir also einen Sinn suchen, um unserer Seele das Erdendasein ein wenig zu erleichtern, wenn wir fragen „Was ist der Sinn meines Lebens?", dann können wir, wenn wir gut aufpassen, auch eine Antwort erhalten. Der Bereich des Geistes, des Immateriellen, der reinen Energie, setzt sich mit der fragenden und klagenden Seele in Verbindung und antwortet ihr: „Hier geht es lang – hier ist der Weg." Dazu benutzt er Zeichen, die wir „erstaunliche Zufälle", „Gleichzeitigkeiten" oder „Synchronizitäten" nennen.

C. G. Jung hat in seinen Forschungen über die Seele herausgefunden, dass Materie und Geist *eins,* dass sie identisch sind. Er verstand die Psyche als Geist und Materie umfassend. Er sprach vom Psychischen, das sich sowohl materiell als auch immateriell *gleichzeitig* zeigen kann, und nannte dies ‚die Wirklichkeit der Seele'.

Murray Stein, Jungscher Analytiker in Chicago, berichtete in einem Vortrag, den er „Die Realität der Seele" nannte, ein eigenes Erlebnis, das dieses Eins-Sein von Geist und Materie recht gut illustriert.

Er war zu einem Vortrag, den er in Arizona halten sollte, zu früh angereist und ging noch ein wenig im Park des Veranstaltungsortes spazieren. Um 10.45 Uhr wollte er zurück sein, weil um 11 Uhr sein Vortrag begann. Während des Spazierganges dachte er über ein neues Kapitel des Buches nach, an dem er gerade schrieb, und vertiefte sich dabei so sehr in seine Gedanken, dass er Ort und Zeit vergaß.

Auf einmal wurde er von einem lauten, durchdringenden Pfiff, der unmittelbar neben seinem Ohr schien, aus seinen Gedanken herausgeschreckt. Er sah auf und bemerkte einen kleinen Vogel, der vor ihm auf einem Baum saß. „Wie kann ein so kleiner Vogel nur so laut pfeifen?" dachte er, da ertönte von seinem kleinen Gegenüber wiederum ein durchdringender Pfiff. Nun begriff

Murray Stein – er ist ja schließlich „Jungianer" –, dass der Vogel ihm wohl etwas sagen wollte. Und da wurde ihm auch schon bewusst, dass er die Zeit total vergessen hatte. Erschrocken blickte er auf die Uhr: es war beinahe 10.45 Uhr. Der Vogel flog nun vor ihm her, Murray folgte ihm und war rasch, genau um 10.45 Uhr an der Türe des Vortragssaales.

Es handelt sich bei diesem Erlebnis – streng genommen – zwar nicht um eine Synchronizität, weil ja nicht ein und dasselbe in verschiedener Form zu fast gleicher Zeit geschieht, wie in der Geschichte mit der Zigeunerin im Kopf der Frau und auf dem Tonband, doch zeigt es sehr deutlich, wie eng Geist und Materie zusammenspielen, wie sie sich zu einer Wirklichkeit verdichten können. Sie gehören in den „Umkreis der Synchronizität".

Und dieses Beispiel belegt vor allem, dass es außerhalb des Ich-Bewusstseins des Menschen eine Bewusstseins-Qualität gibt, die mehr weiß als das doch recht enge „Ich-denke-Bewusstsein". Dieses größere Bewusstsein umfasst offensichtlich das persönliche Bewusstsein eines Menschen mit dem unpersönlichen, objektiven Geist, der frei ist, sich in allen möglichen Spielarten zu zeigen.

Für den Menschen, der das erlebt, bedeutet es meistens ein „Aha-Erlebnis", eine „kleine Erleuchtung". Plötzlich erkennen diese Menschen, dass sie in größere Zusammenhänge eingebunden sind, dass sie Anteil haben an ein alles und alle umfassendes Geschehen, dass es da etwas gibt, das bereit ist, sie zu führen, ihnen zu helfen in Zeiten, in denen sie es nötig haben. Dass also eine Not, in der sie stecken, vom alles umfassenden Bewusstsein gesehen und ein Hilfsangebot gestartet wird.

Dieses Wissen kann nicht nur den betreffenden Menschen eine große Entlastung bieten und ihnen zur allgemeinen Entspannung dienen, es kann auch in wichtigen Entscheidungs-Situationen in Anspruch genommen werden und überdies für Therapeuten sehr hilfreich sein. Gerade in schwierigen therapeutischen Situationen, in denen auch sehr kompetente Therapeuten nicht mehr weiterwissen, können sie sich darauf verlassen, dass es den „größeren Therapeuten“ gibt, der mehr weiß als sie. Das Ich-Bewusstsein des Einzelnen vermag nicht die Gesamtheit des Lebensweges eines Menschen, auch nicht des eigenen Lebens, zu überblicken und ist von daher angewiesen auf Informationen aus der Gesamtheit des Psychischen, das C. G. Jung das Unbewusste genannt hat. Im Ganzen der Psyche, die nicht nur das persönliche Unbewusste der einzelnen Menschen, die heute leben, die je gelebt haben und morgen leben werden, umfasst, sondern in der wohl auch der „Plan Gottes“ oder die „kosmische Absicht“ enthalten ist, findet sich das Wissen, das der Einzelne zur Gestaltung des persönlichen Lebens als auch die Menschheit zur Entwicklung des kollektiven Bewusstseins braucht.

Wir können an diesem Wissen teilhaben, ja es sieht so aus – die vielen in diesem Buch geschilderten Synchronizitäts-Erlebnisse legen es nahe –, als warte dieses Wissen nur darauf, dass wir uns ihm zuwenden, es in Anspruch nehmen, mit ihm kooperieren.

Synchronizitäten sind sozusagen der „Mausklick“ in die kosmische Ordnung, wenn ich das „große Wissen“ an meinem Lebenscomputer mitspielen lasse.

Warum die meisten Menschen sich dessen aber so wenig bewusst sind, liegt wahrscheinlich daran, dass wir einerseits in der Vorstellung leben, alles, was sich ereignet, sei kausal bedingt, unterliege also dem Gesetz von Ursache und Wirkung. Andererseits mag es daran liegen, dass der Strom der Zeit unseren Blick trübt. Er zieht und treibt uns unbarmherzig immer schneller, immer weiter in eine Richtung. Wir scheinen dem Zeitfluss ausgeliefert zu sein, es fällt uns schwer, uns ihm zu entziehen, die Zeit „stillstehen" zu lassen, aus ihr „auszusteigen".

Natürlich kann niemand äußerlich aus dem Strom der Zeit „aussteigen", niemand kann verhindern, dass nach dem Frühling und dem Sommer der Herbst und der Winter kommt, dass der Körper dem Alterungsprozess ausgesetzt ist, dass liebe Menschen um uns herum sterben, dass sich ständig alles in Veränderung befindet, dass nichts bleibt, wie es ist. Und doch: im Erleben des Menschen ist es möglich, die Zeit „anzuhalten". Mystiker haben es immer wieder beschrieben. Jeder, der es einmal – und sei es nur für einen kurzen Moment – erlebt hat, weiß, wie es sich anfühlt, den Zeitstrom zu transzendieren. Es bedeutet, in völliger Harmonie mit sich selbst und der Welt, in vollkommener Ausgeglichenheit, in einem schwebenden Zustand des Gleichgewichts zu sein. Es ist der Zustand, der im Alltag eines Menschen auch in kleinen Einheiten aufscheinen kann, z. B. im Gewahrwerden einer Synchronizität. Das Glücksgefühl, das sich mit ihr einstellt, leitet uns auf dem Weg zum endlichen, großen, umfassenden Glück, das dann ein Dauerzustand sein kann.

Doch um das erleben zu können, müssen wir uns mit dem Phänomen der Zeit auseinander setzen, die uns scheinbar keine Zeit zum Glücklichsein lässt.

Schon immer haben sich die Menschen mit ihr beschäftigt, haben versucht, sie zu fassen, ihrer habhaft zu werden, sie zu verstehen, einzuordnen, sogar sie zu überlisten. In alten Zeiten hielt man sie für einen mächtigen Gott oder für eine alles verschlingende Göttin. Heute versuchen die Physiker, sie zu verstehen – Albert Einstein setzte ihr mit seiner Relativitätstheorie fast ein wissenschaftliches Denkmal.

Wir können sie aber auch als zentrales Hilfsmittel zur Bewusstwerdung verstehen. Eric Berne, amerikanischer Psychiater, Psychoanalytiker und Psychotherapeut, hat sich im Rahmen der Studien über seine Patienten mit ihr beschäftigt. Er sprach von drei Grundbedürfnissen eines jeden Menschen, dem Bedürfnis nach Zuwendung, nach Stimulierung und nach Zeitstrukturierung. Er meinte, manche Menschen würden nicht mehr mit ihrem Leben anfangen, als nach der Geburt auf den Tod zu warten, das heißt, ihnen würde es schwer fallen, ihre Lebenszeit sinnvoll zu strukturieren.

Synchronizitäten und Ereignisse wie das, welches Murray Stein erlebt hat, sind wahrscheinlich nicht nur Zufälle im Sinne von „zusammenfallen“. Vielleicht steckt hinter ihnen sogar eine Absicht. Physiker sprechen heute von einer „kosmischen Absicht“, als deren Instrument sie die Evolution verstehen. Wenn es diese Absicht gibt, was auf Grund der Synchronizitäten, die immer häufiger erlebt werden, sehr wahrscheinlich ist, könnte sie den Sinn haben, uns aus den gewohnten Zeitstrukturen, die oftmals sehr festgelegt und eingefahren sind, herauszulocken. Oder auch, um uns auf vergnügliche, spielerische Weise etwas bewusst werden zu lassen. Wie ein guter Lehrer den Unterricht für seine Schüler so gestaltet, dass Lernen Spaß macht. Hier passiert etwas, und zur gleichen Zeit passiert woanders dasselbe. Ein Grund, dies aufregend zu finden, dem weiter nachgehen, sich mit diesem Phänomen ein wenig näher beschäftigen zu wollen.

Eine Frau, die gerade wegen eines Hausbaus, den sie und ihr Mann unternehmen, sehr beschäftigt und fast ständig im Zeitstress ist, denkt beim Bügeln traurig an eine alte Freundin, die sie schon „ewig“ nicht gesehen hat. Wie gerne würde sie wieder einmal wie in früheren, ruhigeren Zeiten ausführlich mit ihr plaudern, schwatzen, lachen, übermütig dies und jenes aushecken. Da klingelt es an der Haustüre. Sie verlässt gereizt ihr Bügelbrett, denn diese Unterbrechung ist ihr gerade höchst unerwünscht, und geht zur Türe. Wer steht, mit freudestrahlendem Lachen, vor ihr? Die Freundin, an die sie vor einer halben Minute gedacht, die sie seit „Ewigkeiten“ nicht gesehen hat.

Sie ist erfreut, und sie wundert sich: „Wie kommt es, dass der Name meiner Freundin zu der Zeit in meinem Kopf auftaucht, zu der sie gerade unterwegs ist zu mir? Kann ich hellsehen?“

Nein, sie kann nicht hellsehen, denn meistens weiß sie nicht, wer gerade vor ihrer Türe steht – es sei denn, sie erwartet jemand Bestimmtes. Aber genau diese Freundin hatte sie nicht erwartet. Hellsehen ist also ausgeschlossen. Die Frage lässt ihr keine Ruhe. Was ist es, das da geschehen ist? Sie kann es nicht erklären, doch auf einmal wird ihr bewusst:

„Es ist wunderbar, es war eine große Freude für mich, dass meine Freundin plötzlich auftauchte. Wir haben stundenlang miteinander geschwätzt. Obwohl ich eigentlich gar keine Zeit dazu hatte. Nein, obwohl ich meinte, ich hätte keine Zeit. Plötzlich hatte ich die Zeit ja doch. Weil es wichtig war. Ich habe es so gebraucht nach all den Wochen voll mit Arbeit und Terminen. Es war wie ein kleiner Urlaub, nein, es war mehr, es war eine Erfrischung für meine Seele, ein Aufatmen, ein Luftholen. Ich hatte neue Kräfte. Plötzlich ging alles viel leichter. Der Alltag war auf einmal wieder hell und freundlich.“

Das hören wir immer wieder und erleben es auch selbst, wenn sich eine Synchronizität ereignet: Die Welt wird plötzlich „transparent“, sie wird aufregend neu, – wir erleben sie auf völlig neue Weise – sie bekommt Farbe, erhält Glanz, und – das ist das Allerbeste daran – das Leben wird sinnvoll. Wir können unserem Leben selbst Sinn geben. Man wird zum Architekten des eigenen Lebens und des Sinns. Und auch das Leben gibt uns Sinn, der Sinn unseres Lebens wird uns vom Leben direkt zugespielt. Es klickt uns an, es zwinkert uns zu und gibt uns zu verstehen: „Du bist der Sinn in deinem Leben. Ich, dein Leben und du, die Person, die du darstellst, ergeben eine einmalige Einheit. Und das macht Sinn."

Synchronizitäten ergänzen und liefern Bausteine für die Architektur meines Lebens und seines Sinnes.

Unglückliche Menschen lechzen geradezu nach dem Sinn in ihrem Leben. Gerade sie brauchen das Gefühl, die Gewissheit, dass ihr Leben sinnvoll ist. So eine quälende Sinnsuche hat uns der Kabarettist Karl Valentin hinterlassen. Mit seiner Partnerin Liesl Karlstadt, die trotz ihres klaren, rationalen Verstandes so viel Gemütlichkeit wie Wohlwollen ausstrahlte, stritt er sich ununterbrochen – eben auf der verzweifelten Suche nach dem Sinn des Lebens.

In einem seiner Sketche erzählt er seiner Partnerin, dass er neulich, als er in München auf der Maximilianstraße so vor sich hinging, an einen Radfahrer gedacht habe, und – siehe da! – da kam auf einmal ein Radfahrer. (Zur damaligen Nachkriegszeit gab es auf Münchens Straßen sehr viel weniger Verkehr als heute, und wohl weniger Autos als Radfahrer.) „Welch ein Zufall!" meinte Karl Valentin, sichtlich befriedigt, weil dieser Zufall seinem Leben, wenigstens für diesen Tag, einen Sinn zu geben schien. *Er* hatte einen Zufall erlebt! Doch seine Partnerin nahm ihm augenblicklich die ganze Freude mit der lakonischen Feststellung, dies sei nun wirklich kein Zufall, weil ja andauernd Radfahrer auf der Maximilianstraße daherkämen.

„Das mag schon sein", konterte er, „aber ich denke nicht immer an einen Radfahrer, und heute habe ich gerade an einen gedacht, und da ist dann auch einer gekommen." Seine Partnerin macht sich in der Küche zu schaffen, das Thema ist hiermit für sie erledigt. Doch nicht für Karl Valentin, dem sein Unglücklichsein eine zähe Ausdauer verleiht: „Wenn ich an einen Radfahrer denke und es kommt ein Radfahrer, ist es egal, wie viele Radfahrer auf der Straße fahren. Dann ist es ein Zufall!"

„Nein!" sagt sie streng, „das ist kein Zufall. Wenn du vielleicht an ein Flugzeug gedacht hättest und es wäre eines gekommen, das wäre ein Zufall gewesen." Er zeigt sich verwirrt: „Aber ich habe an kein Flugzeug gedacht, sondern an einen Radfahrer. Wenn ich an ein Flugzeug gedacht hätte und es wäre ein Radfahrer gekommen, das wäre kein Zufall gewesen. Aber da ich an einen Radfahrer gedacht habe und ausgerechnet in diesem Augenblick ist ein Radfahrer gekommen, ist es ein Zufall."

Nach einem, beinahe entnervenden, Radfahrer-Flugzeug-Zufall-Streit behält er triumphierend das letzte Wort: „Und morgen gehe ich wieder auf die Maximilianstraße, und da werde ich an ein Flugzeug denken. Und . . . wehe, es kommt ein Radfahrer!"

Diese kleine Geschichte zeigt, wie wichtig es einem Menschen sein kann, dessen Leben nicht gerade mit Glück gesegnet zu sein scheint, wenigstens den kleinen Lichtblick „Zufall" zu erhaschen. Dazu gehört jedoch, dass wir den Zufällen auch einen Sinn zuordnen. Dass wir nicht über sie hinweggehen und als „bloßen" oder „dummen" Zufall abtun, sondern ein wenig genauer hinschauen und uns fragen: „Was will er uns sagen, uns zu verstehen geben? Was können wir uns durch ihn bewusst machen?"

Denn die meisten Zufälle passieren nicht rein zufällig, sondern höchst gezielt. Und das gibt Sinn. Wenn man nämlich genau hinschaut, sieht es so aus, als ziele da etwas auf den, der solche Zufälle erlebt. Als habe dieses „Etwas" es auf den jeweiligen Menschen abgesehen. In einem ganz bestimmten Augenblick des Lebens. In einem Augenblick, in dem man es gerade dringend braucht, wie die Frau an ihrem Bügelbrett. In dem Augenblick, in dem der Sinn des Lebens vielleicht verloren gegangen zu sein scheint oder wir uns auf unserem Weg „nach Hause“, in die ewige Seligkeit, gerade ein wenig verlaufen haben. Da braucht man es ganz besonders, dass ein Richtungsweiser, ein nicht zu übersehendes Signal auftaucht. Da ist es sinnvoll, dass der Sinn des Lebens wieder aufscheint, ins Blickfeld rückt, ins rechte Licht gesetzt wird, damit wir sehen: „Da ist noch etwas anderes als der graue, eintönige Alltag, als immer dieselbe Spur. Da ist . . .“

Ja, was ist es, das es klicken, es zu(sammen)fall(en) lässt? Da gibt es wohl, ungesehen, ein „Anordnendes“, das uns im Blick hat. Das Subjektive fällt mit dem Objektiven zusammen, aus Zwei wird Eins, zwei Ereignisse treffen sich, vereinigen sich, werden ein Ganzes. Welch ein Zufall!

Viele Menschen erleben die Zeit in der heutigen Komplexität und Eile des Alltags gewissermaßen als Räuber, als Vergewaltiger. Die Zeit jagt uns, von einem Termin zum anderen, oder lässt uns – auch das ist immer wieder zu erleben, oft von Jugendlichen im „Null-Bock-Gefühl“ – gleichsam am ausgestreckten Arm vor Langeweile verhungern. Das erleben wir als Sinnlosigkeit, als drückende Last oder krankmachenden Stress. Die Zeit bestimmt über uns, über Leben und Tod, Geburt und Sterben, Krankheit, Verdruss und Mühsal. Es scheint kein Entrinnen zu geben.

Doch sie kennt gleichwohl Erbarmen. Manchmal ist sie wie eine Mutter, die ihre Kinder liebt und ihnen wohl tut. Für Augenblicke, gesegnete Augenblicke, entlässt sie uns aus ihrem dahintreibenden Schlund, öffnet ihre Umklammerung, tut sich auf, so wie die Mutter am Heiligen Abend das Weihnachtszimmer öffnet, und lässt uns die Herrlichkeit, das Licht der Ewigkeit, erblicken.

Doch so weit sind wir noch nicht. Bevor wir die Ewigkeit erreichen, in der die Zeit stillsteht, liegt noch ein Weg vor uns. Ein Weg durch die Zeit. Ein Weg mit der Zeit, in der Zeit.

Wir wollen uns auf eine kleine Reise begeben, um herauszufinden, wie weit der Weg „nach Hause" eigentlich ist. Für jeden Menschen ist er unterschiedlich lang, je nachdem, wie schnell jemand geht, wie leicht oder wie schwer man sich den Weg gestaltet und wie direkt oder auf welchen Umwegen man wandelt.

Wir wollen schauen, wie es gehen kann, dass unser Lebensweg einem weichen, federnden Waldboden gleicht und nicht einer rumpligen Straße voller Schlaglöcher. Denn je leichter wir ihn beschreiten können, desto angenehmer ist er und um so sicherer gelangen wir ans Ziel. Ein weicher, federnder Waldboden ist uns beschieden, wenn wir uns führen lassen von den Boten des Selbst, das uns als „Lichtblicke ins Paradies" immer wieder Synchronizitäten schickt, die wir wie Wegweiser betrachten können. Denn nicht immer sind die Schicksalswege hell erleuchtet, manchmal kann es auch durch die „dunkle Nacht der Seele" gehen, und da ist die „Hand" des Selbst, die es uns mit den Synchronizitäten reicht, um uns sicher zu führen, ganz besonders wichtig.

Synchronizitäten sind gute Begleiter auf meinem Weg zu meiner einmaligen Gestalt und Ordnung und eigentlich unverzichtbar auf meinem Weg.

Teil 1:
Wege durch die Zeiten

Hier beschäftigen wir uns mit dem Phänomen „Zeit“ und wie wir mit ihr, der Zeit, umgehen bzw. was wir heute über sie wissen und was sie uns bislang gelehrt hat. Es ist nicht so einfach, die Zeit zu verstehen, denn sie entzieht sich einer allgemein und allzeit gültigen Festlegung. Man kann sie als vorwärtsstrebend, als Zeitpfeil, man kann sie aber auch als zyklisch, als immer wiederkehrend betrachten. Das männliche Denken ist eher auf den Zeitpfeil ausgerichtet. Der Mann möchte machen, möchte aufbauen, was bis in alle Ewigkeiten fortbesteht. Er will Neues begründen, Neues erfinden, die Dinge immer wieder neu gestalten und sie nach Möglichkeit auch sehr lange bestehen lassen. Er baut sich Denkmäler, die dann auch geschützt werden, damit sie nicht so schnell verwittern.

Das weibliche Erleben orientiert sich eher an der Wiederkehr. Die Frau lebt im 28-Tage-Zyklus, gebiert das Kind, das sie nach neun Monaten aus ihrem Leib, nach einigen Jahren aus ihrem Schutz entlassen muss. Sie ist eher vertraut mit Tod und Sterben, denn tief innen weiß sie: Der nächste Frühling kommt bestimmt und bringt das Leben wieder.

So passt als Bild zur weiblich-zyklischen Zeit die Schlange, die sich in den Schwanz beißt und sich zur Verjüngung häutet; zur männlich-linearen Zeit gehört der Strom, der stets weiterfließt, oder der Pfeil, der, einmal abgeschossen, nicht wieder zurückkehrt.

1. Kapitel
Ein „bekräftigender Händedruck quer durch die Zeit“

Sowohl in der Physik als auch in der Neurowissenschaft, der Lehre vom Funktionieren des menschlichen Gehirns, hat man herausgefunden, dass die Abläufe des Lebens nicht nur kausal, nach Ursache und Wirkung, sozusagen von links nach rechts, von unten nach oben, und umgekehrt, verlaufen, sondern dass vieles, wahrscheinlich sogar das meiste, gleichzeitig geschieht. Im Gehirn erregt ein Impuls zeitgleich Zellverbände an verschiedenen Stellen. Und auch in den untersten Bereichen der Quantenphysik, wo es keine, nicht einmal mehr allerkleinste Teilchen, sondern nur die Möglichkeit zur Form, eine Leere mit unbegrenztem schöpferischem Potential gibt, entstehen ständig Impulse gleichzeitig an mehreren Orten. Die Bereitschaft zur Kreation liegt gewissermaßen ständig „auf Lauer“, um blitzschnell, wenn es ihr beliebt oder wenn es für irgend etwas nötig sein sollte, eine Idee, eine Möglichkeit zu kreieren. Und dazu werden dann unzählige, winzige Elementarteilchen auf einmal, also gleichzeitig, geschaffen und zu der bestimmten Form aufgebaut, die so lange vergrößert und verfestigt wird, bis sie in unsere Erscheinungswelt eintreten kann. Aus der Idee wird ein Objekt. Das geschieht so schnell, dass es in dem von uns wahrgenommenen Zeitablauf als Gleichzeitigkeit erscheint.

Wissen ist allgegenwärtig und stetig

Ein Mensch macht sich beispielsweise auf den Weg zu einem anderen Menschen, der nichts davon weiß, doch bevor er dort eintrifft, ist die Idee, das Wissen, dass dieser Mensch kommt, schon im Kopf des anderen.

Der englische Biologe Rupert Sheldrake hat sich u. a. mit dem Wissen von Haustieren beschäftigt. Ein Hund setzt sich beispielsweise stets genau zu dem Zeitpunkt neben die Haustüre, an dem sein Herrchen im Büro den Mantel anzieht, um nach Hause zu fahren. Woher bezieht der Hund seine Information?

Da gibt es das berühmt gewordene Beispiel vom Affen irgendwo in der Welt, der auf die Idee kommt, die Frucht, die er gefunden hat, nicht gleich wie bisher so zu verspeisen, sondern sie zuerst im Fluss zu waschen. Zur gleichen Zeit tut dies aber auch ein Affe am anderen Ende der Welt, der vom Tun seines Stammesgenossen nichts weiß. Diese Geschichte veranschaulicht sehr schön die Phänomene der geheimnisvollen Verbundenheit aller Wesen, die auf diesem Planeten hausen.

Rupert Sheldrake hat solche Verbindungsströme untersucht und „morphogenetische Felder" genannt. Wir können auch sagen, dass eine Art „Bewusstsein" (das sich selbst allerdings wahrscheinlich nicht bewusst ist) in jedem Materieteilchen steckt. Denn diese kleinsten Teilchen interagieren miteinander, sie suchen und treffen sich, sie ziehen und „rempeln" sich an, stoßen sich wieder voneinander ab, um sich erneut zu suchen und zu finden. Die Physiker haben herausgefunden, dass es zu jedem Teilchen ein Antiteilchen mit gleicher Masse, aber entgegengesetzter Ladung gibt.

Dies lässt sich auch auf die menschlichen Beziehungen übertragen. Es scheint so zu sein, als suche jedes Teilchen ein bestimmtes anderes, gewissermaßen sein Ergänzungsstück, ebenso wie auf der menschlichen Ebene sich nicht nur irgendwelche Männer von irgendwelchen Frauen angezogen fühlen, sondern von ganz bestimmten Ausprägungen des anderen Geschlechts.

Dieses „Spiel“, Wechselwirkungen genannt, findet nicht isoliert irgendwo und irgendwann statt, sondern unentwegt und überall – und gleichzeitig. Wir können dieses Geschehen nicht denken. Deshalb können wir es eigentlich auch nicht wirklich beschreiben.

In den Wissenschaften werden immer nur Teile untersucht, die man ganz genau kennen lernen möchte, deswegen ist von Physikern keine Erklärung des Ganzen zu erwarten. Verstehen bzw. „sehen“ können wir das Ganze lediglich im Innenraum der meditativen Erkenntnis. Diese vermitteln allein die Mystiker, Seher und Propheten.

Doch die wissenschaftliche Forschung im Bereich der Physik hat die Unteilbarkeit des Ganzen inzwischen erwiesen. Der dänische Physiker Niels Bohr bestätigte, dass sich Teilchen, welche vereint waren und getrennt wurden, so verhalten, wie wenn sie vom Zustand des anderen wüssten, und dies sogar über sehr große Distanzen hinweg. Bekannt sind auch Geschichten von eineiigen Zwillingen, die davon berichten, dass beiden oftmals das Gleiche zur gleichen Zeit passiert – dass sie zum Beispiel zum selben Zeitpunkt einen bestimmten Unfall haben, eine gleiche Krankheit erleiden, sich aber auch zum selben Zeitpunkt verlieben usw. – auch wenn sie weit entfernt voneinander leben und wenig oder gar keinen Kontakt miteinander haben.

Es gibt also viel mehr Interaktionsmuster, sowohl auf der menschlichen wie auf der atomaren und der Quantenebene, als wir bisher angenommen hatten. Sie entziehen sich allerdings noch unserem vollen Verständnis. Denn eine Interaktion könnte man auch dem Kausalitätsprinzip zuordnen. Dass ein Teilchen ein anderes trifft, ist eine Folge davon, dass beide die gleiche Masse in sich tragen und sich auf den Weg gemacht haben, sich zu treffen. So ist es kausal bedingt. Die Freundin konnte nur deshalb an der Haustüre der Frau am Bügelbrett klingeln, weil sie zu ihr gegangen ist. Doch dass die Frau am Bügelbrett einige Minuten zuvor an sie gedacht hatte, ist nicht kausal zu erklären, es ist ein synchronistisches Geschehen.

Der amerikanische Physiker und Autor zahlreicher wissenschaftlicher Arbeiten zu Grenzfragen der Naturwissenschaften, Fred Alan Wolf, sagt zu diesen Phänomenen, „dass es einen bekräftigenden ‚Händedruck' quer durch die Zeit braucht, damit ein Ereignis hier und jetzt stattfinden kann"[1].

Man könnte also sagen, das Kausalitätsprinzip besteht aus einem langsamen, das Synchronizitätsprinzip dagegen aus einem überaus schnellen Zeitablauf. Die Freundin musste vielleicht eine halbe Stunde mit dem Auto fahren, um an der Haustüre klingeln zu können, und das Tonband mit der Zigeunerin war ein oder zwei Tage unterwegs. Doch das kommende (kausal bedingte) Ereignis war bereits zu einem Zeitpunkt im Kopf der Frauen, zu dem das äußere Ereignis noch gar nicht stattgefunden hatte. Die Idee – Besuch der Freundin und „leben wie eine Zigeunerin" – war also schneller als das „materielle Objekt" – die Freundin und das Tonband. Wenn sich eine Idee mit einem Objekt verbindet, scheint eine neue Dimension der Zeitabläufe auf. Die langsame und die schnelle Zeit reichen sich die Hand zur Gleichzeitigkeit, und es ist, als bliebe in diesem Moment die Zeit einfach stehen, als gäbe es sie gar nicht mehr, als würde sie „ausgelöscht". Wer in der glücklichen Lage ist, so eine Synchronizität wahrzunehmen, wird aus seinen bisherigen Denkgewohnheiten herausgenommen, vielleicht sogar „aufgeschreckt" und „erwacht".

Insofern geht es um unser Erwachen, dass wir nicht länger in einem bestimmten Traum über die Welt und ihre Vorgänge befangen bleiben, sondern sie mehr und mehr in ihrer Komplexität und Vollständigkeit erkennen.

Dazu gehört, dass wir unser Bewusstsein stärken und weiten, dass wir uns trauen, Zusammenhänge wahrzunehmen, die uns vielleicht bisher eher erschreckt und wir sie aus diesem Grund schnell wieder beiseite geschoben haben. Wenn wir die sinnvollen Zufälle ernst nehmen und die Synchronizitäten bewusst in unser Leben einbauen, gibt dies unserem Dasein, über den persönlichen Sinn hinausgehend, auch noch die Dimension der Sicherheit, der Beruhigung. Weil wir wissen, dass die Zeit nicht nur in eine ganz festgelegte Richtung von „wenn das - dann das“ verläuft. Eine bestimmte Situation kann nicht mit Absolutheit hochgerechnet werden, man kann nicht unbedingt sagen: „Wenn das jetzt die Situation ist, dann kann es nur so und so weitergehen.“ Denn jederzeit kann eine Synchronizität eintreten, da gibt es dann einen qualitativen Sprung, und plötzlich sieht alles ganz anders aus. Es ist der Aspekt der Gnade, der uns mit der Synchronizität erreicht. Auf sie können wir immer hoffen, auf sie mögen wir bauen. Große Werke, großherzige Taten sind nur möglich mit diesem Vertrauen im Hintergrund.

Synchronizitäten befreien von der Unerbittlichkeit des Ursache-Wirkungs-Gesetzes, sie sind Ausdruck der Gnade.

Geheimnisvolle Verbindungen

Wenn man das Thema der ungewöhnlichen Ereignisse, der eigenartigen Zufälle anspricht, haben die meisten Menschen schon einmal etwas erlebt, was ihnen unheimlich erschien, was sie zwar spannend finden, gleichzeitig jedoch auch mit Furcht betrachten und sich nicht so recht darüber zu sprechen trauen. Zum Beispiel gibt es sehr viele Geschichten im Zusammenhang mit Todesfällen: Das Bild des Großvaters fällt in dem Augenblick in der Wohnung des weit entfernt wohnenden Enkels von der Wand, in dem der alte Mann stirbt. Uhren von Müttern und Frauen blieben plötzlich stehen, als ihre Söhne und Männer im Krieg tödlich von feindlicher Kugel getroffen starben.

Vor kurzem erhielten wir - auch das halten wir für eine Synchronizität - einen Bericht von einer Freundin, in dem sie uns eine „seltsame Geschichte“ mitteilte: Der Vater ihres Freundes stirbt in einem Krankenhaus überraschend schnell an einem weit fortgeschrittenen Krebsleiden. Da die Ehefrau des Sterbenden vom Klinikpersonal telefonisch nicht zu erreichen ist, benachrichtigen sie einen der Söhne. Dieser Mann - der Bruder des Freundes unserer Freundin - fährt zum Haus, in dem seine Mutter lebt, um ihr die Nachricht zu überbringen. Doch sie öffnet auf sein Klingeln hin nicht. Er steigt durch ein angelehntes Fenster ins Haus und findet die Mutter tot in ihrem Bett. Der Arzt, der den Totenschein ausstellt, diagnostiziert einen Herzinfarkt - genau zu der Stunde, in der ihr Mann im Krankenhaus seinem Leiden erlegen ist.

Wusste das Ehepaar in der Stunde des Todes voneinander? Gingen sie in einer anderen Art des Bewusstseins „Hand in Hand“ in die ewige Heimat? Was spielte sich zwischen ihnen ab, welches geheimnisvolle Band hielt sie zusammen - bis in den Tod hinein?

Manche Menschen sind in hohem Maß mit Phantasie und vielen geheimnisvollen Geschichten angefüllt. Sie verfügen über den „sechsten Sinn“ für „übersinnliche“ Phänomene. In ihrer Gegenwart passieren oft recht eigenartige Dinge, sie „hören das Gras wachsen“ und scheinen mit Kräften in Verbindung zu stehen, die anderen Menschen fremd sind. Sie erzählen über Ereignisse, die sich auf die nahe Zukunft beziehen. Zum Beispiel fliegt dreimal ein kleiner Vogel gegen eine Fensterscheibe oder im Sommer auch direkt in das Zimmer, und prompt erfüllt sich die Vorhersage, dass am dritten Tag überraschender Besuch von weit her sich einstellt, von dem niemand etwas gewusst hatte.

Solche Menschen scheinen mit unsichtbaren Kräften in Verbindung zu stehen, mit einer Welt, die den Schamanen vertraut ist. Denn im Bewusstsein der Schamanen ist Geist und Materie noch vereint, weshalb sie Priester, Heiler und Seher zugleich sind. Sie heilen mit Pflanzen, also mit materiellen Stoffen, doch sie holen sich die entsprechenden Kenntnisse in der geistigen Schau, in der Verbindung mit dem göttlichen Wissen.

Synchronizitäten verbinden uns mit bis heute nicht überholter Weisheit und ihren Quellen. In der Offenheit für Synchronizitäten haben wir Zugang zu diesen Quellen.

Physik und Energie

Aus den Forschungen der Physiker wissen wir heute, dass es nichts gibt, was kein Bewusstsein hätte – wenn auch nicht in der Form, die wir brauchen, um unseren Alltag zu gestalten und unsere Ziele zu erreichen. Sie haben uns gelehrt, dass es eigentlich nur Energie gibt, die im Bereich der Metaphysik auch Geist genannt wird. Diese Bezeichnung verbindet Physik und Theologie, denn Geist heißt: das Bewegte. Bewegt sein können wir im psychologischen Sinne durch die Emotionen, die Gefühle, die in uns in bestimmten Situationen aufsteigen, und im physikalischen Sinne bewegen wir uns körperlich von einer Stelle zur anderen.

Doch eigentlich weiß niemand genau, was Energie ist. Und doch gebrauchen wir diesen Begriff in unserem Alltag und in der Wissenschaft ständig, um die Entstehung des Universums, die kleinen und großen Bewegungen des Lebens in Zeit und Raum und ihre verschiedene Intensität, aber auch um unser Erleben, unsere Gefühle und unsere Kraft oder Erschöpfung oder den Fluss der Gedanken zu beschreiben. Die physikalische Welt, die im Atomkern gebundene kaum vorstellbare Kraft, Blitz und Donner oder das enorme Drängen des Lebens und seiner Entwicklung auf der Erde, wie die schier unendliche Evolution des Geistes, wird mit Energie in Verbindung gebracht und so erklärt. Physiker denken sogar über einen unerschöpflichen Energieozean im Hintergrund des Kosmos nach. Er soll die Quelle aller Energieströme sein, wo immer wir diese Quelle beobachten und im persönlichen Erleben spüren. Für sie ist alles im Fluss und *ist* Fluss, auch der Fluss einer intelligenten Energie, die neue Erkenntnisse hervorbringt. Dafür kann man keine Ursache im uns geläufigen Sinn angeben. Mit dem Begriff der Energie betreten wir einen Raum jenseits der vertrauten Kausalität, den Jung das „ursachelose Angeordnetsein" nennt, der die Basis der Synchronizitäten ist, für die wir keine direkt erklärbaren Ursachen finden können.

Physik und Bewusstsein

Letztendlich kann Bewusstsein nur aus einer Teilung, aus Zwei entstehen. Hier hat demnach das Auseinanderreißen, von was auch immer, zunächst einen Sinn. Denn um sich etwas bewusst machen zu können, muss man das bewusst zu Machende zur Kenntnis nehmen, es erkennen. Das setzt einen Erkennenden und das zu Erkennende voraus, also einen Beobachter und ein Objekt. Es müssen also mindestens zwei da sein. So heißt es auch in allen Weltentstehungsmythen, dass am Anfang Himmel und Erde voneinander getrennt wurden. Wenn Physiker über die Weltentstehung sprechen, meinen sie zumeist den „Urknall", der aus einem unendlich dichten Energiepunkt in einer gewaltigen Explosion in verschiedene Teile zersprungen ist, zunächst in ein unvorstellbares Chaos zerstob, um sich allmählich zu geordneten Gebilden zu formieren und so die Sonnen mit ihren Planeten entstehen und auf einem, der jetzt „Erde" heißt, Leben sich entwickeln zu lassen.

Diese Theorie ist heute allerdings auch schon wieder umstritten, und so weiß eigentlich niemand etwas Genaues über unseren Ursprung, und die alten Mythen gewinnen in ihrer symbolhaften Darstellung, in dem Zusammenhänge in Bildern zum Ausdruck gebracht werden, neu an Bedeutung. Hier ist also unsere Aufgabe, das auseinander Gerissene im Erkenntnisprozess wieder zusammenzusetzen.

Physik und Symbole

Alle Phänomene, die wir außen und innen wahrnehmen, können wir als Symbole der einen einzigen Wirklichkeit betrachten. Das ist die des Geistes, der Energie, die als Bewusstseinsträger dient. Demnach stellt jedes „Ding" ein Symbol für eine ganz bestimmte Bewusstseinsschwingung dar.

Wir wissen ja heute, dass auch die dichteste Materie nichts absolut Festes ist, denn alles, was auf uns dicht und fest wirkt, wie das Holz der Möbel, die Kleidung, die wir tragen, der Stein, der vielleicht als Schmuckstück auf dem Schreibtisch liegt, besteht aus Atomen und kleinsten subatomaren Teilchen, die ständig in Bewegung sind. Nichts steht wirklich still, jeder Körper, der ganze Kosmos befindet sich in immerwährenden Schwingungen, in minimaler, für unsere Sinne nicht oder kaum wahrnehmbarer Bewegung.

Da diese kleinsten, in sich schwingenden, vibrierenden Teilchen voneinander „wissen“, weil sie ja zu einem großen Ganzen gehören, tragen sie dieses Wissen als eine Art Bewusstsein – vielleicht exakter: Vorbewusstsein – in sich. Wenn sie sich also zu einer Galaxie, einem Stern, einem Berg, einem Baum, einer Blume, einer menschlichen Gestalt zusammensetzen, entsteht aus dieser bestimmten Form des Zusammengefügten gleichzeitig ein bestimmtes Schwingungsmuster, also eine Bewusstseinsmatrix.

Wir Menschen können nun mit der uns zur Verfügung stehenden aufmerksamen Wahrnehmung, die zum erkennenden Bewusstsein führt, in diese Schwingungsmatrix eindringen – entweder im Innen durch meditative Schau oder im Außen durch mathematische Berechnungen bzw. durch die Gesetze der Geometrie – und so die „Botschaft“, die diese Formen als (Vor-)Bewusstsein in sich tragen, erkennen und entschlüsseln. Wir sehen auf diese Weise in den Dingen, wie in allen Bildern, die sich auf Grund von Erzählungen und Gestaltungen im menschlichen Gehirn entfalten, ihren „Sinn“, ihre „Botschaft“ oder eben die „kosmische Absicht“, wie Physiker die Welt der Ideen mit den sie darstellenden Symbolisierungen heute auch nennen.

In den Synchronizitäten nun, in denen sich Materie und Geist wie Geschwister berühren, die zur selben Mutter gehören, werden die Botschaften des „Selbst“, wie in der Jungschen Psychologie das große Ganze, die Einheit von Geist und Materie, auch genannt wird, blitzartig sichtbar, der Sinn, die „kosmische Absicht“, scheint auf und erleuchtet für diesen Augenblick unser Bewusstsein.

So bleiben Materie und Geist in unserem Denken nicht länger auseinander gerissen, über die Synchronizitäten kommen sie wieder zurück zu der Einheit, aus der sie ursprünglich hervorgegangen sind, sich aber vorübergehend geteilt haben, so dass wir zunächst nicht anders konnten, als sie getrennt wahrzunehmen.

Letztlich gibt es nichts anderes als die Leere, die auf Grund ihres schöpferischen Potentials ständig Kreationen hervorbringt, die wir in ihrer verdichteten Form als gestaltete Materie sehen. Doch diese gestaltete Materie, der ganze Kosmos mit seinen Galaxien, Sternen und Planeten, die Natur, in der wir leben, bedeuten allein für sich gesehen nichts. Sie gewinnen ihre Bedeutung nur dadurch, dass sie als Symbole dienen für die ungeheure, vielfältige und vielgestaltige Schöpfungskraft Gottes.

Physik und Psychologie

Diese Schöpfungskraft können wir nicht direkt sehen – Gott ist unanschaulich. Sie wird uns vermittelt durch die Welt der Ideen, die auch Gedanken oder Träume Gottes genannt werden und die als innere Bilder, als Vorstellungen und Geschichten in unseren Köpfen auftauchen.

Ihre Aufgabe ist es, Bewusstsein zu schaffen. Sie erregen unser Interesse, weil sie als symbolische Darstellungen Energieträger sind. Jeder Mensch kennt es, und an Kindern ist es immer wieder neu zu beobachten: Bestimmte Bilder – eine Menschen- oder Tiermutter mit einem Baby; ein Kind, das an Vaters Hand einen unbekannten Weg entlang geht; ein Ungeheuer, das sich auf ein hilfloses Wesen stürzt; ein Engel, der schützend seine Hand über ein Kind hält – erzeugen bestimmte mehr oder weniger starke Emotionen im Betrachter, und diese Energieströme mobilisieren unsere Aufmerksamkeit.

Wir meinen, dass es in der Tiefenpsychologie darum geht, den Fokus auf das Erkennen des Zusammengehörenden zu setzen. Letztlich können wir alles, was in der äußeren und inneren Erscheinungswelt auftritt und auftaucht, miteinander in Verbindung bringen, das eine als Äquivalent des anderen betrachten und so neu verstehen. Außen und innen werden zu zwei Aspekten des einen, unteilbaren Ganzen.

Das Ganze musste erst auseinander fallen, damit die Energie, die im Ganzen gehalten war, frei werden konnte. Insofern erzählt uns die Geschichte von der Vertreibung aus dem Paradies und die Theorie vom Urknall ein und dieselbe Tatsache. Wir erleben die Energie auf der menschlichen Ebene als Emotion, als Schrecken, Schmerz, Verzweiflung, Trauer und Aggression, aber auch als Liebe, Glück, Freude und Mitgefühl. Diese Emotionen heben uns aus einem nur teilhabenden Zustand des Daseins in der Welt heraus in einen sehenden, erkennenden hinein. Sie ermöglichen uns, bewusst zu werden, das Bewusstsein zu entdecken. Im Prozess der Erfüllung dieser Aufgabe geht es jetzt darum, das Zerstreute einzusammeln und zu seiner Ganzheit zusammenzufügen. Die auftretenden Synchronizitäten können uns eine gute Hilfe dabei sein.

2. Kapitel
Wir leben in der Zeit

In der Beschäftigung mit der Synchronizität bleibt es nicht aus, über die Zeit nachzudenken. Denn das, was gleichzeitig geschieht, setzt das Erleben von Zeit voraus. Doch es ist nicht so einfach, die Zeit zu verstehen, wie es auf den ersten Blick erscheinen mag, denn Zeit ist irrational. Sie entzieht sich einer allgemein und allzeit gültigen Festlegung.

Zeit ist zeitlos

Zeit kann nicht etwas objektiv Gegebenes, sondern nur subjektiv Erlebtes sein. Dies zu verstehen ist für unser Thema bedeutungsvoll. Wollen wir nämlich unser Alltagsbewusstsein, in dem es viel Schwieriges, Mühseliges gibt, verlassen, wollen wir in das Bewusstsein eintreten, das wir mit dem Begriff „Erleuchtung“ verbinden, müssen wir gewissermaßen aus der Zeit heraustreten. Da es jedoch Zeit nicht als etwas Objektives gibt, können wir nur in unserem Erleben das erreichen, was sich als „Erleuchtung“ anfühlt.

Das heißt, dass die Erleuchtung nicht irgendwo an einem besonderen Ort vorhanden ist und dort auf uns wartet, dass sie vielmehr als Möglichkeit in jedem von uns jederzeit zu erleben ist.

Eine Kollegin erzählte:

„Unlängst kam eine 53-jährige Frau zu mir in die psychotherapeutische Sprechstunde. Sie wirkte ein wenig unsicher, wusste eigentlich nicht so recht, was sie bei mir wollte, sie sei einfach nur einmal so gekommen. Ich ließ sie aus ihrem Leben erzählen, das überwiegend darin bestand, dass sie von klein auf für andere Menschen da war, viel für andere getan hat. Sie pflegte lange ihren kranken Vater, der nun gestorben war, und kümmerte sich Tag und Nacht um ihre an Alzheimer erkrankte Mutter.

‚Und neulich', berichtete sie, ‚bin ich seit langer Zeit mal wieder für einige Einkäufe in die Stadt gefahren. Da kam ich an einem Reisebüro vorbei und sah ein Plakat mit einem Reiseangebot nach Mallorca. Und ich hab' mir gedacht, ja, das wäre mal schön, nach Mallorca zu reisen.'

Ich griff dies auf und bestätigte sie darin, doch auch einmal etwas für sich zu tun. Da begannen ihre Augen zu leuchten, sie wurde fast ein wenig aufgeregt und meinte: ‚Ja, Sie haben Recht. Ich sollte nun auch einmal etwas für mich tun. Ja, ich will endlich etwas für mich tun, und deshalb möchte ich jetzt regelmäßig zu Ihnen kommen und mit Ihnen arbeiten.'

Wir vereinbarten ein paar Termine, und sie verließ ganz beschwingt meine Praxis.

In der nächsten Stunde erzählte sie mir dann Folgendes: Sie fuhr sehr glücklich nach Hause mit dem Satz in ihrem Kopf und in ihrem Herzen: ‚Ich sollte jetzt was für mich tun! Ich sollte jetzt was für mich tun!' Als sie, daheim angekommen, die Wohnungstür öffnete, stand auf dem oberen Treppenabsatz ihre an Alzheimer erkrankte Mutter und rief ihr zu: ‚Du solltest jetzt was für dich tun!'"

In gewisser Weise erlebte die alte Frau eine Art Erleuchtung – und die Tochter gleich mit. Denn zu diesem Zeitpunkt, an dieser Schnittstelle waren auf einmal Mutter und Tochter eins. Sie hatten – ohne es zu wissen und bewusst zu wollen – zusammen die Zeit ausgetrickst. Die Vergangenheit mit dem steten Bemühen um andere, die Zukunft, Selbstfindungsgespräche zu führen und vielleicht einmal nach Mallorca zu reisen, vereinten sich im Hier und Jetzt, im Schnittpunkt, in dem Gestern und Morgen sich treffen. Ausgelöst wurde er vielleicht durch die Zeitlosigkeit des Vergessens, in der die Alzheimer-Kranke lebt. Wir wissen nicht, was die alte Frau im Moment, da ihr klar wurde, was jetzt für die Tochter gut ist, erlebte, wie sie sich fühlte. Es ist anzunehmen, dass sie in diesem Augenblick vollkommen einig mit sich selbst, der Tochter und der Zeit war, dass sie mit der Tochter und der Zeit in einer einzigen Einheit aufging.

Synchronizitäten sind jedem Menschen zugänglich, überhaupt nicht exklusiv, niemanden ausschließend, zutiefst demokratisch.

Wenn wir sehr bewusst, ganz konzentriert sind, wenn unsere Aufmerksamkeit dem jetzigen Augenblick gilt, können wir das vollkommene Einssein, die Einheit mit uns selbst und allem anderen, das Zusammenfallen von Raum und Zeit erleben. Wir sehen es punktuell in den uns zufallenden Synchronizitäten. Sie geben uns als „kleine Erleuchtungen", als zunächst einmal „kleinen Einfall des göttlichen Lichts" einen Vorgeschmack auf die endliche, vollkommene Erleuchtung. Es ist, als zöge Gott, der große Geist, das allmächtige Wissen, das kosmische Bewusstsein - oder wie immer man es nennen mag - augenzwinkernd den Schleier der Zeit ein wenig beiseite, um uns schon einmal wissen zu lassen, wozu wir mit unserer Fähigkeit zur Bewusstheit in der Lage sind.

Zeit als Illusion

In den alten östlichen Religionsphilosophien heißt es, dass die Zeit eine Illusion sei. Nicht nur die Zeit, auch der Raum und alles, was in ihm enthalten ist, alles, was wir für eine unabänderliche Realität halten. Sie sagen, dass alles „Maya“ ist, ein Schleier, der die eigentliche Wirklichkeit verdeckt, oder „Lila“, das große Spiel, das Gott mit uns und vielleicht auch mit sich selbst spielt. Sie unterscheiden zwischen einer relativen und einer absoluten Wirklichkeit. In der relativen Wirklichkeit leben wir mit der Vorstellung von Zeit und Raum, die absolute Wirklichkeit ist leer, also frei von Zeit und Raum und darum auch frei von Sorgen, Leid und Kummer, von Geburt und von Tod. In die absolute Wirklichkeit zurückzukehren sei das Bestreben der Menschen, welche die Befreiung vom ständigen Kreislauf des Lebens suchen. Erst wenn der Geist dieser Menschen zur Ruhe gekommen sei, nichts mehr wolle, nichts mehr wünsche, nichts mehr ablehne, weder für noch gegen etwas sei, wenn vollkommene Ruhe herrsche, sieht dieser Mensch die Wirklichkeit, erkennt, dass es weder Zeit noch Raum noch all die Dinge darin gibt, dann trete er ein in die Seligkeit.

Auch in den Synchronizitäten fallen Raum und Zeit zusammen. Denn das, was wir erst in der Zukunft sehen oder hören – zum Beispiel sagt die Mutter oben auf der Treppe „du solltest jetzt was für dich tun“ –, ist bereits in der Gegenwart im Kopf der Tochter – „ich sollte jetzt was für mich tun“. In solchen Erlebnissen wird uns klar, dass wir die kausale Zeitvorstellung von Vergangenheit, Gegenwart und Zukunft, an die wir gewöhnt sind, öffnen müssen für eine weitere Sicht der Zeiterfahrungen.

Es gibt eine schöne indische Geschichte, welche diese Zeitlosigkeit in der Zeit verdeutlicht. In ihr geht es darum, dass der gläubige Schüler Narada Gott Vishnu fragt, ob dieser ihm die Macht seiner

Maya enthüllen möge. Vishnu will ihm diesen Wunsch erfüllen und bittet Narada, ihm ein Glas Wasser zu holen. Narada gelangt in ein Dorf, trifft dort eine schöne Frau, vergisst das Wasser, heiratet die Schöne, sie bekommen drei Kinder und leben lange Zeit glücklich miteinander. Durch ein gewaltiges Hochwasser wird jedoch eines Tages das Dorf überschwemmt, Narada verliert Haus, Frau und Kinder und ertrinkt beinahe selbst. Völlig verzweifelt wird er dann jedoch an Land gespült, wo Vishnu lächelnd steht und ihn fragt, ob er das Glas Wasser mitgebracht hätte.

In der „Maya", das heißt, in den Vorstellungen, die Menschen sich in ihren Köpfen machen, kann alles Mögliche passieren, was jedoch mit der gegenwärtigen Realität nichts zu tun hat. Das ist immer wieder ein wichtiges Thema in den meisten Psychotherapien. Viele Menschen leiden unter den quälenden Erinnerungen der Vergangenheit, ängstigen sich vor einer ungewissen Zukunft und versäumen darüber die Gegenwart, die ganz einfach nur gelebt sein will, in der es vielleicht lediglich darum geht, gerade ein Glas Wasser zu trinken.

Wie erfrischend wirkt dann eine Synchronizität, die zeigt, dass wir unsere illusionären Vorstellungen über Zeitabläufe ruhig aufgeben können. Um mehr Zeit und Ruhe für die Realität der Gegenwart zu haben und das zu genießen, was uns gerade zugespielt wird.

Kali, die alles verschlingende Große Mutter

Grässliche Vorstellungen über den Lauf der Zeit gab es bereits im alten Indien. Sie wurden dargestellt in Form der grausamen Göttin Kali. Sie ist Symbol für die Zeit, die dem Menschen alles entreißt, was er gerne festhalten möchte. Ihr Anblick ist furchtbar: sie ist schwarz, trägt eine Halskette aus Schädeln, einer ihrer vier Arme hält den abgeschlagenen Kopf eines Dämons, in der anderen Hand zeigt sie ein bluttropfendes Schwert, ihre lange, herausgestreckte Zunge scheint nach neuen Opfern zu gieren, und um ihren Leib windet sich eine Kobra. Kali ist die Personifizierung von Kala, und „Kala" bedeutet sowohl „Zeit" als auch „schwarz", „grausig" und „schrecklich".

Solche Furcht erregenden Darstellungen der Natur, die das Leben schenkt, es aber auch wieder sterben lässt, gibt es nicht nur in Indien – wir können sie in unterschiedlichen Gestaltungen auf der ganzen Welt finden. Sie geben uns einen Einblick in die Möglichkeiten, die Menschen schon in ganz frühen Kulturen gefunden haben, um mit ihrer Angst vor Verlusten, welche die dahineilende Zeit ihnen zufügt, fertig zu werden.

Die indische Kultur ist älter als die griechische, und in allen Kulturen, die es schon vor der griechischen gab, welche die patriarchale Gesellschaftsform einführte, wurde mit dem Weiblichen immer gleichzeitig Leben und Tod verbunden. Die persönliche Mutter schenkt dem Kind das Leben, und die unpersönliche, die alles verzehrende, alles verschlingende „Zeitmutter" nimmt es ihm wieder. Der Mensch kehrt zurück in den Schoß der Mutter Erde, aus deren Leib, in Gestalt einer menschlichen Frau, er einst geboren wurde. Insofern waren in diesen frühen Kulturen Leben und Tod nicht zwei, sondern eins, gehörten so unweigerlich zusammen, wie in einem Jahr Frühling, Sommer, Herbst und Winter vereinigt sind.

„Alles hat seine Zeit", heißt es bei dem Prediger, „Leben hat seine Zeit, Sterben hat seine Zeit".

Wiederum im alten Indien sind deshalb auch die drei Gottheiten Vishnu, der Erschaffer, Brahma, der Erhalter, und Shiva, der Zerstörer, vereint. Vishnu atmet aus, und das Universum entsteht, Vishnu atmet ein, und das Universum vergeht. In der Zwischenzeit sorgt Brahma eine Zeit lang für dessen Erhalt. Doch weil es nichts gibt, was in alle Ewigkeit Bestand hat, tritt immer wieder Shiva auf der Weltenbühne auf und zertanzt die Welt in allerkleinste Stücke, so dass Vishnu sie wieder mühelos einatmen kann – im ewigen Kreislauf des großen Atems, der erschaffenden und verschlingenden Zeit. Insofern symbolisiert er das, was die Physiker heute beschreiben: „Zuunterst gibt es nur die Möglichkeit zur Form."

Dieses Gefangensein im Ablauf der Zeit, der Vergangenheit, die wir nicht mehr ändern können, der Zukunft, auf die wir nicht oder kaum einwirken können, quält und ängstigt uns. Deshalb erleben wir die Synchronizitäten als befreiend. Denn sie zeigen uns, dass die Zeit auch das ewige Jetzt in sich birgt, das leer ist von Qual und Befürchtungen.

Aus dieser Ahnung, dass es ein Freiwerden aus dem ständig sich wiederholenden Ablauf der Zeit gibt, ging der junge indische Prinz Siddhartha Gautama auf die Suche. Nachdem er gesehen hatte, wie die Menschen unter dem Zeitdiktat von Krankheit, Alter und Tod leiden, beschloss er, zu schauen, ob es einen Weg aus diesem schrecklichen Kreislauf gibt. Er hat ihn gefunden und den Menschen, die bereit waren, das Geheimnis kennen zu lernen, den Weg zur Erleuchtung gelehrt. Das Anhalten des großen Lebensrades, des ewigen Kreislaufs von Geburt, Alter, Krankheit und Tod, ist somit die Befreiung aus dem Joch der Zeit – sowohl der linear als auch der zyklisch verstandenen Zeit. Von daher ist das Hinaustreten aus dem Lauf der Zeit, das wir in den Synchronizitäten erleben – wenn es auch nur für einige Sekunden ist –, bereits ein kleiner Einblick in die Weite und Fülle und gleichzeitig Leere der Zeitlosigkeit, des Nirvana.

Chronos – Vater der Zeit

Aus unserem westlichen Kulturkreis, den Landschaften um das Mittelmeer herum, kennen wir die Schöpfungsgeschichten der Griechen. Sie erzählten, dass Gott Uranos, der Himmel, mit Mutter Erde zuerst die Kyklopen zeugte. Diese warf er jedoch bald in den Tartaros, in die finstere Unterwelt, weil sie sich gegen ihn auflehnten. Dann zeugte er weitere Kinder, die Titanen. Mutter Erde war jedoch mit der Verbannung ihrer erstgeborenen Söhne nicht einverstanden und verleitete ihren jüngsten Titanensohn dazu – er war das siebte Kind –, den Vater zu töten. Chronos, so hieß dieser jüngste, entmannte seinen Vater im Schlaf mit einer Sichel aus Feuerstein. Da „Chronos" Zeit heißt, sehen wir in diesem Mythos ebenfalls das Grausame der Zeit gezeichnet. Die Sichel kennen wir ja heute noch in der Hand von Gevatter Tod, der das Leben abmäht wie der Bauer seine Blumenwiese.

Dieser Mythos konfrontiert uns mit unseren Ängsten, mit Trauer und Verzweiflung ebenso stark wie der von der alles verschlingenden Kali. Mythen vermitteln ja nicht nur bestimmte Bilder, sondern wecken Gefühle, wühlen Emotionen auf, bringen also Bewegung in die individuelle Seele, sorgen für Bewegtheit und damit für die Entfaltung des Geistes. Sie lassen den Menschen aus dem „Schlaf" der Unbewusstheit erwachen, machen uns wach für das erkennende Bewusstsein. Insofern gehen auch sie „Hand in Hand" mit den Synchronizitäten. Eigenartigerweise treten nämlich Synchronizitäten häufiger auf, wenn der betreffende Mensch sich in einer emotional „aufgeladenen" Situation befindet.

Auch hierfür kann man die entsprechende Parallele in der Physik finden: Je höher die Anfangsenergie in den Kollisionsprozessen, desto mehr Teilchen können erzeugt werden. Diese erzeugen elektromagnetische Strahlung, also Radiowellen, Röntgenstrahlen oder Lichtwellen. Und hier ist dann wieder der Übergang zu den Synchronizitäten: Sie bringen das Licht der Erkenntnis, die Erleuchtung.

Eine junge Frau erzählte kürzlich, was sie nach dem Tod ihres ersten Freundes erlebt hatte:

Sie war mit diesem Mann nicht mehr zusammen, hatte einen anderen Freund, als sie erfuhr, dass ihr ehemaliger Freund bei einer Urlaubsfahrt mit dem Motorrad – er war gerade 22 Jahre alt – tödlich verunglückt war. Einige Wochen nach seinem Tod lag sie eines Abends im Bett und konnte nicht einschlafen. Ihr Freund neben ihr schlief schon, da hörte sie eine Stimme, die sie rief. Es war die Stimme des verunglückten Freundes. Sie kroch unter die Bettdecke, damit der neben ihr schlafende Freund nicht aufgeweckt wurde. Leise antwortete sie: „Ja, was ist? Wo bist du?" Der Verstorbene sagte: „Ich musste mich mal für eine Weile ausklinken. Mir geht es gut. Das wollte ich dir bloß sagen." Und damit war er wieder verschwunden.

Im Kopf der jungen Frau machte es „klick": das Zeitfenster öffnete sich für einige Augenblicke und ließ etwas offenbar werden, was hinter bzw. außerhalb der Zeit liegt. Ihr wurde bewusst, dass Leben und Tod zusammengehören, dass beide zwei Aspekte derselben Wirklichkeit sind.

Insofern ist auch dieses Erlebnis eine Synchronizität.

Synchronizitäten sind selbstverständliche Ereignisse in einem Zeitverständnis, das Ewigkeit mit einschließt, sie eröffnen den Blick in die große Weite und Freiheit.

3. Kapitel
„Als die Zeit erfüllet war"

In der Weihnachtsgeschichte ist die Rede davon, dass die Zeit „erfüllt sein" muss, bevor das Wunder geschehen kann. Was mag damit gemeint sein? Da Zeit ja im Allgemeinen als ein Nacheinander, also als ein kausal bedingter Ablauf gesehen wird – wenn dies, dann jenes –, ist hier sicher das Stillstehen der Zeit, also der Blick in die Zeitlosigkeit, in die Ewigkeit gemeint. Außerhalb der Zeit gibt es nicht mehr Vergangenheit und Zukunft, sondern ewige Gegenwart, ewiges Jetzt – oder Nun, wie Meister Eckehart es genannt hat. Es ist dasselbe, was wir in den Synchronizitäten erleben. Insofern stellen auch sie kleine „Wunder" dar.

Das große Wunder aber heißt in der Weihnachtsgeschichte: die Geburt des göttlichen Kindes, des Erlösers. Im Protevangelium des Jakobus steht, dass im Augenblick der Geburt die Zeit erstarrt. Josef berichtet, dass er umherging und doch nicht umherging, dass er in die Luft hinauf sah und sie erstarrt gesehen habe. Ebenso wie die Vögel am Himmel unbeweglich blieben, die Kauenden nicht kauten, die Schafe, die umhergetrieben wurden, standen still usw.

Diese Schilderung berichtet von einem Wunder, so gewaltig, dass die bewegte Natur erstarrt, wie auch der Mensch, wenn er einen großen Schrecken erlebt, starr wird, als stocke das Blut in seinen Adern.

Ist denn die Geburt des Erlösers ein Schrecken? Ist sie nicht vielmehr die sehnlich erwartete Freude? Sie ist beides, denn wenn etwas Neues kommt, muss das Alte gehen. Erst nach dem Tod folgt die Geburt, und nach der Geburt beginnt wieder das Sterben. Der schreckliche Shiva zerstört das Seiende, und Vishnu atmet wohlig aus und schafft das Neue. Beide regieren in der Zeit. Doch die winzige Spanne dazwischen, der winzige Punkt, aus dem die Physiker den Urknall berechnet haben, ist die Öffnung in die Zeitlosigkeit. Und es ist der Ort der Synchronizität. Hier fällt eins und eins zusammen und ergibt nicht zwei, sondern null. Ein Loch, ein Zeitloch. Da ist absolut nichts los, da reicht der Pfeil der Zeit nicht hin, da wird Gott Chronos machtlos, da hält die schwarze Kali den Atem an.

Denn die Geburt Jesu Christi kündet ebenso die Erlösung aus dem Verhaftetsein in der Zeit an wie das Erwachen des Siddhartha Gautama. Beide sind Symbol für den Weg zur Erleuchtung. Sie ist das Wunder, und das hat sich dem Josef schon einmal gezeigt.

Schicksalsmächte

In einem ganz anderen Zusammenhang kennen die meisten von uns so einen Stillstand der Zeit. Er ist beschrieben im Märchen von „Dornröschen". Nachdem das Mädchen sich an der Spindel in den Finger gestochen hatte, fiel es in einen hundertjährigen Schlaf und mit ihm der ganze Hofstaat. Dem Koch, der dem Küchenjungen gerade eine Ohrfeige geben wollte, blieb die erhobene Hand in der Luft stehen, so wie Josef die Vögel am Himmel erblickte.

Das Märchen „Dornröschen" und ebenfalls das vom „Schneewittchen" weisen viel Ähnlichkeit miteinander auf. Sie sind nicht nur im Zusammenhang mit der Zeit hochinteressant, sondern vor allem im Hinblick auf die Schicksalsmächte, denen wir alle unterliegen und die für unser Thema eine große Rolle spielen.

Denn das Schicksal ist in engem Zusammenhang mit der Zeit

zu sehen. Es führt den einzelnen Menschen von seiner Geburt an einen bestimmten Weg entlang, der mit dem Tod endet.

Die ursprüngliche Bedeutung von Schicksal ist „anordnen", und die alten Mythen berichten, dass selbst die höchsten Götter der Macht des Schicksals unterworfen sind. Das Schicksal wurde als weibliche große Macht dargestellt, die in drei Aufgabenbereiche unterteilt war. Diese drei Schicksalsfrauen, wie sie genannt wurden, waren keine Göttinnen, die man anbeten konnte. Deshalb gab es auch keine Möglichkeit, sie sich gewogen zu machen. Die erste webte den Schicksalsfaden, die zweite maß ihn dem jeweiligen Menschen zu, die dritte schnitt ihn nach der abgelaufenen Zeit ab. Und zwar ohne Ansehen der Person oder deren Verdienste. Nichts und niemand konnte an diesem Geschehen etwas ändern.

Die Unerbittlichkeit dieser Macht des Schicksals beschreibt sehr eindringlich den Ablauf der Zeit – Vergangenheit, Gegenwart, Zukunft –, dem das Leben ausgeliefert ist. Kein Wunder, dass diese Unerbittlichkeit den Menschen Angst macht. Deshalb ist die wunderbare Geburt eines „göttlichen Kindes" mit so viel Aufregung und Ehrfurcht verbunden. Weil in ihr etwas Gestalt gewinnt, was allein die Macht des Schicksals überwinden kann: die Gnade. Nur sie vermag es, das Schicksal abzumildern, falls es gar zu streng in das Leben eines Menschen eingreift. Sie, die das Sanfte repräsentiert, überwindet selbst das Starke. In ihr sind Hoffnung und Vertrauen verborgen. Die erlebten Synchronizitäten erzählen von ihr.

Synchronizitäten sind machtvoll und sanft – wie das „göttliche Kind".

Zur Zeit und dem mit ihr verbundenen Schicksal gehört der Ablauf, also die Kausalität. Zeit, Schicksal, Kausalität sind unlösbar miteinander verknüpft, man kann sie nicht auseinander reißen, man kann sie nur transzendieren. Sie sind aber nicht zu denken ohne die Zahl. „Wie geht es weiter?“, fragt man bei einer Erzählung, und auch in diesem Wort steckt die Zahl. Es gibt einen Beginn, den Fortlauf und das Ende. Eins, zwei, drei usw. Insofern gehören Zeit und Zahl zusammen, man kann das eine nicht ohne das andere verstehen. Und auch bei den Synchronizitäten ist die Zahl vertreten, denn hier fallen ja zwei Ereignisketten in ein Geschehen zusammen.

Wir könnten die Natur nicht verstehen, wenn es die Zahl nicht gäbe, wir könnten nichts berechnen und die Welt würde sich uns nicht dreidimensional – man spricht heute in der Physik auch schon von vier und mehr Dimensionen – präsentieren, sondern würde sich plakativ eindimensional in unseren Köpfen abbilden. Und auch Synchronizitäten würden ohne die Zahl nicht stattfinden können.

Die Zahl stellt also den Ordnungsfaktor dar, sie verbindet den Geist mit der Materie, die wir ohne sie nicht berechnen könnten.

Deshalb verwundert es nicht, dass Zahlen oft in Märchen und Mythen auftauchen, sie gehören zum Ablauf des Schicksals.

Gerade die Zahl Drei finden wir in vielen Märchen, sie ist eine „heilige“ Zahl, denn sie beschreibt den Ablauf der Zeit, die Macht des Schicksals. Genau genommen begegnet sie uns auch in den Synchronizitäten; wenn nämlich zwei Ereignisse – die Tochter mit dem Satz im Kopf „Ich sollte jetzt was für mich tun“ und ein wenig später die Mutter mit dem gleichen ausgesprochenen Satz – in ein Geschehen zusammenfallen, ergeben sie die Zahl Drei: 2 + 1 = 3.

Synchronizitäten vermitteln Zugang zur inneren Ordnung der Welt und zu meiner inneren Ordnung, die ich so, Schritt für Schritt, kennen lerne.

Ein Rosen-Mandala

Ein Symbol, das sowohl die Zahl als auch das Sein in der Zeit und die Vergänglichkeit zeigt, ist das Mandala. Es symbolisiert den Raum – das Viereck, und die Zeit – das Dreieck. Ursprünglich wurde das Mandala von tibetischen Mönchen zur Meditationshilfe und zum Erleben der Vergänglichkeit aus kleinen bunten Steinchen im Freien in den Sand gelegt. Sofort nachdem es fertig war, strich die Hand des Mönches darüber hinweg und zerstörte es. Wir meinen, das sei doch ein Jammer, dieses kunstvolle, schöne Gebilde, das er manchmal in tage- oder gar wochenlanger Arbeit mühselig fertig gestellt hat, gleich wieder zunichte zu machen. Doch ein tibetischer Mönch lächelt dazu und lässt uns wissen: so ist es mit allem, was wir in der äußeren und auch in der inneren, der Gefühlswelt wahrnehmen, es ist so flüchtig, die Zeit nimmt es mit sich fort.

Die Märchen „Schneewittchen" und „Dornröschen" können wir auch als erzählte Mandalas verstehen. Wir finden das Viereck in der Dornenhecke, die den Ort in sich einschließt, in dem das Mädchen zur Frau reift; sie bildet den „Temenos", den heiligen Bezirk. Und die Drei taucht auf bei Schneewittchen gleich zu Beginn in den drei Blutstropfen, die in den Schnee fallen und ihm seinen Namen geben, sowie im dreimaligen Erscheinen der alten Königin bei den sieben Zwergen. Und hier haben wir auch gleich die Sieben, die bei der folgenden Geschichte ebenfalls eine Rolle spielt.

Vor wenigen Tagen besuchte uns eine sehr gute Freundin. Sie wusste nichts von diesem Buch, an dem wir arbeiten.

Sie überreichte uns zur Begrüßung einen Strauß mit sieben wunderschönen altrosa Rosen und sagte: „Zu diesem Strauß gehört noch eine Geschichte, die möchte ich euch erzählen."

Vor einiger Zeit – es ist noch nicht lange her – träumte sie nachts, dass sie ein Kind geboren hat, ein Mädchen namens „Anna“. Sie erwachte beglückt und getröstet, denn sie befand sich damals in einer schweren Ehekrise und wusste nicht, wie ihr Leben weitergehen könnte. Der Traum vermittelte ihr, dass neues Leben geboren wird, dass ihr inneres Kind sich auf einen neuen Lebensabschnitt einstellen kann. Der Name Anna gefiel ihr ausgesprochen gut.

An diesem Morgen ging sie auf den Markt zum Einkaufen. Plötzlich sah sie eine junge Frau, die wunderschöne, altrosa Rosen anbot. „Waren Sie immer schon hier?“ fragte sie diese. „Ich habe Sie noch nie hier gesehen.“ Die junge Frau lächelte und meinte: „Nein, ich bin nur heute hier.“

„Das sind ja herrliche Rosen“, sagte unsere Freundin, „was kosten sie?“ „Das ist die *Anna*-Rose“, antwortete die junge Frau, „und eine kostet *drei* Mark.“ Unserer Freundin fiel ihr nächtlicher Traum ein, und sie kaufte *sieben* Stück. Als die Verkäuferin ihr die Blumen überreichte, sagte sie zum großen Erstaunen unserer Freundin: „In Ihren Augen sehe ich ein Licht – Sie werden eine schöne Zukunft haben.“

„Und damit auch ihr eine schöne Zukunft habt, bringe ich euch sieben *Anna*-Rosen, das Stück zu drei Mark“, endete unsere Freundin ihre Geschichte.

Wer noch immer nicht an Synchronizitäten glauben sollte: diese hier ist eine, die erstaunlicher kaum sein kann.

Diese zweimalige Synchronizität – das erste Mal fiel der Name der Rose mit dem Traum zusammen, das zweite Mal der Strauß mit den *sieben* Rosen zu *drei* Mark mit dem Besuch unserer Freundin zum Zeitpunkt der Beschäftigung mit dem Ordnungsfaktor Zahl und dem Dorn-Röschen für dieses Buch – stellt ein erzähltes Mandala dar, denn die Drei steht für den Ablauf der Zeit, und die Vier – von drei bis sieben braucht man vier – für die Koordinaten des Raumes. Beide zusammen ergeben die Einheit von Zeit und Raum, also die Wirklichkeit, die wir tagtäglich erleben.

Diese Wirklichkeit kann allerdings mit einer Synchronizität blitzartig aufgebrochen werden, sie wirkt in das Zentrum, den Punkt in der Mitte des Mandalas und lässt für einen Augenblick das Licht der Ewigkeit erkennen, erleuchtet den vielleicht eintönigen Alltag mit neuem Glanz.

Ähnliches beschreiben viele Märchen, denn in ihnen geschieht ja auch häufig etwas Unerwartetes, Unglaubliches, das dennoch, als Symbol betrachtet, etwas von der allgegenwärtigen göttlichen Weisheit und Wahrheit berichtet.

Lichtkinder

„Schneewittchen" und „Dornröschen" können durchaus als Beschreibungen „göttlicher Kinder" angesehen werden. Im Augenblick der Geburt des göttlichen Kindes Jesus blieb die Zeit stehen, wie Jakobus es auf Grund von Josefs Erleben berichtete. Von den Geburten Buddhas und Krishnas wird übrigens Ähnliches erzählt. Bei „Schneewittchen" und „Dornröschen" geschieht dieser Zeitstillstand im Augenblick ihrer Geschlechtsreife, nach Vollendung des 14. Lebensjahres. In diesem Augenblick werden sie „bewusst". Schneewittchen hat vom Apfel des Erkenntnisbaumes gegessen und dadurch ihre „Unschuld" verloren. Ihr ist das Wissen um Gut und Böse, Leben und Tod und damit auch um die Allmacht der Zeit gegeben worden.

Auch von der griechischen Kore, der unschuldigen, weißen Tochter der reifen Vegetationsgöttin Demeter, wissen wir, dass sie in der Unterwelt, in die sie der alte „Hades" geraubt hatte, einen Bissen des Granatapfels nahm. Danach konnte sie nicht mehr vollständig zurück zur Erde, sie musste ein Drittel des Jahres in der Unterwelt verbringen. Somit war auch sie wissend, bewusst geworden.

Erfuhren diese drei Frauengestalten aber auch etwas von der Zeitlosigkeit, der Ewigkeit? Damit, dass in der Frau das neue Leben, das Kind, entsteht, in ihr heranreift, aber auch in ihr absterben kann, dass sie das Gefäß ist für Leben und Tod, hat sie unmittelbar Anteil am großen Geheimnis des Werdens und Vergehens. Wenn eine Frau sich diese Tatsache wirklich bewusst macht, wenn ihr klar wird, welche zentrale Stellung sie in der Evolution einnimmt, welche Verantwortung für das Ganze ihr damit auch gegeben ist, kann schon allein diese Erkenntnis zu einer Bewusstheit führen, die über das gewöhnliche Alltagsbewusstsein hinaus reicht.

Was Frauen früherer Generationen wahrscheinlich auch noch wussten, hängt mit der Physiologie der Frau zusammen. Die Menstruation, der allmonatlich stattfindende Eireifungsprozess, hat höchstwahrscheinlich einen starken Einfluss auf die Bewusstseinstätigkeit des weiblichen Gehirns. Auf alle Fälle ist immer wieder festzustellen, dass Frauen in bestimmten Phasen ihres Zyklus Zustände von extremer psychischer Offenheit bis hin zu geistiger Hellsichtigkeit erleben. Die meisten Frauen sprechen kaum über solche Erlebnisse, weil sie fürchten, nicht ernst genommen oder sogar für „verrückt“ erklärt zu werden.

Wenn man jedoch Mütter über ihr Erleben bei der Geburt ihres Kindes genauer befragt, kann man etwas von dem hören, was Jakobus über die Wahrnehmungen des Josef schreibt. Im Augenblick der völligen Öffnung des Geburtskanals scheint die Zeit stillzustehen, da fallen Vergangenheit, Gegenwart und Zukunft in eins zusammen, da gibt es nur diesen für die Ewigkeit vollkommen geöffneten Augenblick.

Wenn also die Zeit erfüllt, wenn alles da ist, was gerade da sein muss, wenn die Ganzheit erreicht ist – und das Kind, das geboren wird, kommt vollständig, mit allem, was es braucht für ein ganzes

Leben, zur Welt –, dann öffnet sich die Zeit der Stille und gewährt die Einsicht in die Vollkommenheit.

In der Geburt eines Kindes, sei es ein ganz gewöhnliches oder ein außergewöhnliches, ein göttliches Kind, ein Weisheitsträger, fallen Geist und Natur zusammen, weil jede physische Geburt auch ein kreativer, also geistiger Akt ist.

Insofern könnte man auch sagen, dass jede Synchronizität – und sei sie noch so klein – außer dem Sinn, den sie uns vermittelt, auch eine gerade stattfindende Geburt ist. Die Geburt des Wissens. Eines Wissens, das in uns, in jedem von uns, tief innen gespeichert ist. Das Wissen, das aus dem Zentrum des Unbewussten kommt, wie das Kind aus der Tiefe der Gebärmutter, reist durch das Unbewusste hindurch, um im Bewusstsein geboren zu werden. Und eines Tages geben viele dieser Geistesfunken ein zusammenhängendes Feld, das die buddhistischen Tibeter das „Klare Licht" nennen.

In Träumen und Phantasien, aber auch in spontan aus dem Unbewussten heraus gemalten Bildern kann das innere, zeitlose Licht, das sich eines Tages zur beglückenden Erleuchtung weiten kann, schon einmal auftauchen. Eine Klientin z. B. brachte ein Bild zur Therapiestunde mit, das sie gemalt hatte, als es ihr besonders schlecht ging, als sie in einer tiefen Depression zu versinken drohte. Auf diesem Bild ist ein Weg zu sehen, der hinauf- und hinausführt, eine Brücke, ein nach oben sich öffnender, unten jedoch tief verwurzelter Baum und groß, das ganze untere Drittel des Blattes einnehmend, ein rotes Gebilde, das aussieht wie ein Uterus und da mittendrin ein helles, leuchtendes Etwas in Form eines Embryos.

„Das ist das Lichtkind", sagte die Frau sichtlich erregt. Sie weiß weiter nichts darüber zu berichten. „Es ist eben einfach das Lichtkind", sagt sie, während sie zu den anderen Motiven des Bildes vieles assoziiert. Dieses Bild ist ihr sehr wichtig. „Warum?" – „Weil das Lichtkind darauf erschienen ist." – „Erschienen?" – „Ja." – Sie hatte nicht vor, ein ‚Lichtkind' zu malen, weiß gar nicht, dass es so etwas überhaupt gibt. „Es hat sich wie von selbst gemalt."

Es ist also ein Aspekt des „Selbst", der Einheit von Natur und Geist. Es ist der leuchtende Repräsentant der Kraft, die das Unbewusste der Frau zur Verfügung gestellt hat, damit sie den Weg der Erneuerung zu ihrem nächsten Lebensabschnitt gehen kann, und es gibt ihr eine tiefe Ruhe und Gelassenheit.

Auch wenn es sich hier ein wenig anders verhält als bei den bisher geschilderten Synchronizitätserlebnissen, können wir auch dieses Geschehen als Synchronizität betrachten. Denn hier bricht ebenfalls das Geistige in die Materie ein, das Licht, das die Frau in dem Bild sieht und gefühlsmäßig stark erlebt, verbindet sich mit dem Zeichenblatt und den Farben zu einer Einheit, einer kleinen Erleuchtung.

Synchronizitäten sind Schöpfungsakte in der Zeit, sie eröffnen „das Neue", ganz individuelle, bezogen auf meine Person und meine jetzige Lebenssituation.

4. Kapitel
Kairos, der rechte Augenblick

Mit dem Bild des Kairos wird das „rechte Maß“, der „rechte Augenblick“, die „goldene Mitte“, der „Augenblick der Entscheidung“ beschrieben. Er wurde dargestellt als ein junger Gott mit wehenden Haaren, der nach rechts, in die Zukunft, schaut. Und man sagte: wenn er auftritt und man fasst ihn nicht gleich an seinem Schopf, wenn man ihn also verpasst und nicht die Entscheidung trifft, die man gerade zu treffen hat, dann ist es für dieses Mal verspielt, und man muss auf die nächste günstige Gelegenheit warten.

Es gibt auch eine Verbindung zum Sinnbild der Waage. Man muss das „Für und Wider“ gut abwägen, um zu einem glücklichen Schluss zu kommen.

Eine gute Fügung

Eine Frau erzählte uns folgende Geschichte:

Ihre Hündin warf Ende des vergangenen Jahres junge Welpen. Die Kinder des benachbarten Bauernhofes waren begeistert, denn ihre Hündin war mit 17 Jahren schon sehr alt und würde wohl nicht mehr lange am Leben bleiben. Sie durften sich gleich einen der kleinen Hunde aussuchen, den sie bekommen sollten, wenn der Kleine seiner Mutter entwöhnt war. Nun begann jedoch das Fragen in der Familie des Bauernhofes: „Wie sollen wir es machen – sollen wir den neuen Hund holen, während der alte noch lebt? Oder sollen wir nicht lieber warten, bis er gestorben ist? Können wir uns aber gleich an einen neuen Hund gewöhnen, wenn wir gerade unseren Hund, den wir doch sehr lieben, verloren haben?"

Der alten Hündin ging es während dieser Zeit immer schlechter, sie konnte kaum noch aufstehen, und zum Jahresende rief die Familie den Tierarzt an, der sie von ihrem kläglichen Dahinsiechen erlösen sollte. Doch der Tierarzt war nicht zu erreichen. Und obwohl die alte Hündin noch lebte, wollte die Bauersfamilie gerne mit dem jungen Hund in das neue Jahr gehen und vereinbarte mit dem Mann der Erzählerin, dass er den Welpen am 31. Dezember bringen sollte. In der Nacht vom 30. auf den 31. Dezember hauchte die alte Hündin still ihr Leben aus.

Zufall? Wenn es jedoch so ist, dass die Schicksalsmächte einem jeden Lebewesen die Zeit des Lebens zugewiesen haben und den Lebensfaden zu einem bestimmten Zeitpunkt abschneiden, wie wurde dann die Ankunft des jungen Hundes zu genau diesem Zeitpunkt arrangiert? Wirklich nur Zufall? So kann man es sehen. Doch für die Familie des Bauernhofes ist es kein Zufall, für sie ist es Bestimmung. Es entspricht ihren Erfahrungen mit der Natur, in der alles geordnet ist, in der das, was sie hergibt, zum rechten Zeitpunkt geschieht.

Genau das meint Kairos: Wenn die Zeit reif ist, dann fügt sich das ineinander, was zueinander gehört.

Die Anwesenheit von Kairos wird gebraucht, wenn jemand in einer entscheidenden Situation steckt. Wer kennt nicht die Qual, eine bedeutsame Entscheidung treffen zu wollen oder zu müssen und nicht zu wissen, welche Kriterien man anlegen kann, um sicher zu sein, dass die getroffene Entscheidung wirklich die richtige ist? Natürlich weiß man hinterher, ob sie gut war oder nicht, doch dann ist es oft zu spät. Zumindest, wenn man feststellen muss, dass es die falsche Entscheidung war bzw. dass sie zum falschen Zeitpunkt getroffen wurde.

Sehr oft erleben wir in der psychotherapeutischen Arbeit, dass Menschen unglücklich sind, weil sie nicht wissen, was in einer - scheinbar - ausweglosen Situation zu tun sei. „Wie kann ich denn herausfinden, was ich tun muss?" - „Wie kann ich sicher sein, dass das, was ich tue, auch das Richtige ist?"

Die Erfahrung lehrt, dass es oft nicht ratsam ist, sich zu schnell für eine bestimmte Lösung zu entscheiden. In den meisten Fällen bewährt es sich, zunächst einmal keine Entscheidung zu treffen - wobei ja auch dies eine Entscheidung ist, eben sich zu entscheiden, die Entscheidung zunächst abzulehnen -, was allerdings manchen Menschen schwer fällt. Nicht zu wissen, wie es weitergeht, still zu halten, die oft bedrückende Situation offen zu halten, erfordert ein hohes Maß an innerer Kraft. Wobei wir hiermit nicht ein passives, interesseloses Sich-dahin-treiben-Lassen meinen, wie es Menschen tun, die in einer Depression stecken. Das richtige Stillhalten und auf den geeigneten Zeitpunkt warten ist aktiv und kraftvoll.

Die Lösung liegt immer schon bereit

Eine Frau kam in die Therapie, weil sie sehr unglücklich in ihrer Ehe war. Sie steckte in einer wirklich schwierigen Situation. Denn ihr Ehemann war alles andere als ein Mensch, von dem man sich besser schleunigst trennt. Er war weder Alkoholiker noch misshandelte er sie; er hatte keine Geliebte und auch genug Zeit für sie und die Kinder; er sorgte für ein geregeltes Einkommen und ließ seine persönlichen Sachen nicht herumliegen, und er war kein Haushaltsmuffel. Er verbot seiner Frau nicht, berufstätig zu sein, sondern richtete sich selbst beruflich so ein, dass er über Mittag die Kinder versorgte, bis seine Frau wieder zu Hause war.

Er war also ein mustergültiger Ehemann und Vater. Von außen betrachtet konnte man rein gar nichts an ihm aussetzen. Im Gegenteil: er liebte seine Frau, las ihr die Wünsche von den Augen ab, ja er war manchmal schneller im Erfüllen ihrer Wünsche, als sie diese bewusst wahrnahm.

Sie stellten eine Vorzeige-Familie und *das* ideale Ehepaar dar, und niemand hätte je für möglich gehalten, dass diese Frau diesen „wunderbaren Mann" verlassen wollte. Sie selbst zweifelte auch lange, ob sie wirklich gehen müsste, um das zu finden, was ihr immer wichtiger wurde. „Was ist es?"

„Ich selbst sein."

„Können Sie das nicht bei ihm?"

„Nein, denn er weiß, wie ich sein soll, was gut für mich ist, was meint, was ihr Kind braucht, und er ist wie ein Vater, der dafür sorgt, dass dieses Kind es auch bekommt. Er ist wie eine Glucke, hat seine Flügel so stark über mich gelegt, dass ich kaum noch Luft zum Atmen finde."

In der Tat litt die Frau unter häufigen Asthmaanfällen.

Aber sie machte sich die Entscheidung, ob sie in der Ehe bleiben oder gehen soll, nicht leicht. Bei all ihrem Temperament und ihrer Fröhlichkeit, die im Laufe der therapeutischen Gespräche immer deutlicher zum Vorschein kamen, ist sie ein nachdenklicher, verantwortlicher und sich ernsthaft mit ihrer Problematik auseinander setzender Mensch. Lange arbeiteten wir an ihrem Wunsch, Möglichkeiten zu finden, an der Ehe festhalten zu können. Schon der Kinder wegen, die noch lange nicht erwachsen sind. Sie versuchte, sich ihrem Mann verständlich zu machen, was schwierig war, denn er hatte eine sehr fest gefügte Meinung über sich, über sie, die Ehe und das Leben. Sie hätte genauso gut chinesisch mit ihm reden können.

Nach drei qualvollen Jahren wusste sie: „Ich kann so nicht mehr. Ich muss mich von ihm trennen."

Doch so einfach ist das nicht, wenn man, wie sie, Kinder hat, die sie liebt und nicht verletzen will, in eine große Familie und einen guten Freundeskreis eingebunden ist, deren Mitglieder nicht anders können, als mit Unverständnis und Ablehnung auf sie zu reagieren. Sie litt unter dieser aussichtslos scheinenden Situation, zog sich immer mehr von der Familie zurück, weinte viel und reagierte bei kleinsten Anlässen gereizt. Die Auseinandersetzungen mit ihrem Mann, der ebenso wie sie litt – ja er schien sogar noch mehr als sie zu leiden, was ihr Unglücklichsein verstärkte –, wurden immer heftiger, grundsätzlicher, geradezu verzweifelt.

An einem Sonntagmorgen nun – am Abend zuvor hatte es wieder eine furchtbare Szene mit ihrem Mann gegeben, der daraufhin für Stunden das Haus verließ – entschloss sich die Frau, nicht wie gewohnt in die Kirche ihres Wohnviertels zu gehen, sondern eine andere Kirche aufzusuchen, die weiter weg lag, in die sie gelegentlich einmal ging. Sie war schon länger nicht mehr dort gewesen. In der Kirche sah sie in einer der Reihen eine befreundete Frau sitzen, die sie auch schon länger nicht mehr gesehen hatte. Sie versuchte, von dieser unbemerkt sich gleich hinten in eine Bank zu setzen, denn sie wollte nicht gefragt werden, wie es ihr denn gehe. Doch die Freundin bemerkte sie, winkte ihr, sich zu ihr zu setzen, und das tat sie dann auch.

Zunächst konnten sie nicht miteinander reden, weil der Gottesdienst begann, doch meine Klientin berichtete später, dass unerwarteterweise ein ganz starkes Gefühl für diese Freundin während des Gottesdienstes in ihr aufstieg. „Da schwang etwas Eigenartiges zwischen uns“, sagte sie.

Nach dem Gottesdienst setzten die beiden sich noch auf eine Bank vor der Kirche, und die Freundin erzählte ihr, dass am Abend zuvor der Ehemann meiner Klientin furchtbar unglücklich angerufen hatte, ob er noch eine Weile zu ihr kommen könne, er müsse dringend mit jemandem reden. Obwohl die beiden sich auch schon länger nicht mehr gesehen hatten, führten sie dann ein ausführliches Gespräch miteinander, in dem der Ehemann zum ersten Mal einem anderen Menschen über die Situation zu Hause berichtete.

Nun konnte sie auch von ihren Schwierigkeiten erzählen und darüber sprechen, dass sie nicht wisse, was sie tun solle. Einerseits halte sie es in der Ehe nicht mehr aus, andererseits seien aber doch die Kinder da. Die Freundin meinte: „Wie wäre es, wenn du ausziehst? Wenn du dir eine Wohnung suchst, die so groß ist, dass dich dort deine Kinder jederzeit besuchen können? Wäre das eine Lösung für dich?“

Und plötzlich war alles klar. Sie wusste, genau das ist es, was sie tun muss. Auf einmal wurde ihr leicht ums Herz. Alle Zweifel verschwanden, Friede kehrte in ihr ein, sie war plötzlich wieder richtig glücklich.

Was war geschehen? Warum ist sie an diesem Sonntag in die andere Kirche gegangen? Warum saß da die Frau, bei der ihr Mann sich am Abend zuvor sein Herz ausgeschüttet hatte? Wie kam es, dass sie plötzlich wusste: das ist die Lösung!?

Auf dem Nachhauseweg ging ihr dies alles durch den Kopf, sie wunderte sich. Doch auf einmal wurde ihr klar: „Ich werde geführt. Gott hat meine Gebete erhört. Nicht ich habe entschieden, Gott hat entschieden. Er hat es so eingerichtet, dass ich jetzt weiß, was das Richtige für uns ist. Auf der Trennung von meinem Mann liegt Gottes Segen.“

So hat sie es empfunden, und so hat sie es mir in unserem folgenden Gespräch erzählt.

Sie erlebte sehr eindrücklich, was Kairos ist, der richtige Augenblick der Entscheidung. Und sie hat ihn an seinem Schopf gepackt und gleich am nächsten Tag eine Annonce in die Zeitung gesetzt, dass sie eine Wohnung suche.

Das synchronistische Ereignis besteht darin, dass die Seele schon weiß, was dran ist, doch das Bewusstsein will es noch nicht wahrhaben. Der Verstand dieser Frau, der noch recht stark in Konventionen gefangen denkt, lässt sie die Lösung nicht einfach sehen. Die moralische Instanz in ihr erlaubt es nicht. Da bemüht die Seele, die sehr leidet, die „am Ende" ist mit ihren Kräften, den Geist. Und er bringt das, was unter dem Leid liegt, nämlich die Lösung, an die Oberfläche. Er übersetzt die Lösung in ein äußeres, materielles Geschehen. Dort kann das Bewusstsein sie dann wahrnehmen, kann sie da, im Äußeren eher sehen als unter dem „Müll" der leidvollen Verwirrung.

In diesem Fall hat der Geist in seiner Funktion als Kairos bewirkt, dass die Lösung, die im Unbewussten der Frau schon bereit lag, von ihr jedoch noch nicht wahrgenommen werden konnte, durch die Freundin hindurch – die persönlich nicht direkt betroffen war – in ihr Bewusstsein dringen konnte. Dass Kairos sie unbemerkt in die andere Kirche dirigierte, gehört natürlich zu seiner Aufgabe dazu.

Synchronizitäten sind ein „moderner" Zugang zur uralten Frage der Religion, zu meinem Weg zu Gott.

Die Geschichte geht jedoch noch weiter. Das Unglaubliche geschah. Auf die Annonce, die sie gleich am Montag aufgegeben hatte, meldete sich prompt eine Frau, die meinte, sie habe eine Wohnung zu vermieten. Nun weiß ja jeder, dass es so einfach nicht ist, rasch eine Wohnung zu finden, die wenigstens einigermaßen den Wünschen entspricht. Sie hatte sehr genaue Vorstellungen darüber, wie die Wohnung sein sollte. Da sie auch Zimmer für die Kinder einrichten wollte, brauchte sie eine Vierzimmerwohnung, und diese sollte nach Möglichkeit in dem Stadtteil liegen, in dem sie bisher wohnte. Die Kinder sollten es einfach haben, zu ihr zu kommen oder auch eine Zeit lang bei ihr zu sein. Natürlich sollte die Wohnung hell sein, ein großer Balkon wäre schön, und sie durfte auch kein Vermögen kosten.

Die Klientin vereinbarte mit der möglichen Vermieterin einen Besichtigungstermin für den kommenden Sonntagnachmittag.

Wie jeden Sonntag ging sie morgens wieder in die Kirche, dieses Mal in die zu ihrem Bezirk gehörende. Anschließend war ihr noch nach einem Spaziergang zumute, sie nahm also nicht den gewohnten direkten Weg nach Hause. Ihr war leicht und froh ums Herz. Da sah sie unter einem Kastanienbaum Kinder, die eifrig und fröhlich die auf dem Boden liegenden Kastanien aufhoben und sie den Eltern brachten, die dabeistanden und diese in einem Körbchen sammelten.

Aus ihrer gelösten Stimmung heraus gesellte sich die Frau zu den Kindern, hob ebenfalls einige Kastanien auf und gab sie ihnen, wofür diese sich artig bedankten. Sie wechselte noch ein paar freundliche Worte mit den Eltern und ging, ganz erfüllt und beschwingt von dieser heiteren sonntäglichen Begegnung nach Hause.

Wie erstaunt waren alle Beteiligten, als der Frau am Sonntagnachmittag von den Vermietern der Wohnung, die sie sich anschauen wollte, die Türe geöffnet wurde und die Familie vor ihr stand, die sie am Vormittag beim Kastaniensammeln getroffen hatte.

Es erübrigt sich fast noch zu sagen, dass die zu vermietende Wohnung hell und freundlich ist, vier Zimmer und einen schönen Balkon hat, am Schulweg der Kinder liegt und der Mietpreis zu bezahlen ist.

Und natürlich auch, dass sie die Wohnung bekommen hat, obwohl es, wie immer bei solchen günstigen Objekten, mehrere Bewerber gab.

Wie ist dieser „glückliche Zufall" zu verstehen? Ganz sicher ist die Tatsache, dass der Zeitpunkt stimmte, zu dem meine Klientin die Wohnung gesucht hatte. Ihr gelang es, „Kairos", den richtigen Augenblick, zu erfassen. Doch wodurch gelang ihr das? Kann jeder den geeigneten Zeitpunkt zum Handeln herausfinden? Gibt es dafür vielleicht sogar ein Rezept, eine stets funktionierende „Anweisung"?

Wann ereignet sich Kairos?

Es kommt darauf an, nicht zu schnell und vor allem nicht unüberlegt zu handeln. Vor allem, nicht aus einem Affekt heraus eine Entscheidung zu treffen. Denn im Affekt, in einem starken Erregungszustand, wenn man sich beispielsweise über jemanden sehr geärgert hat oder gar wütend ist, aber auch wenn man „himmelhochjauchzend" verliebt ist, kann man nicht klar sehen, was entscheidend ist für die Situation, in der man steckt. Selbst wenn man recht schnell eine Entscheidung treffen muss, was ja manchmal im Leben sein kann, tut man gut daran, sich eine kurze Zeit der Rückbesinnung zu nehmen.

Es scheint so zu sein, dass Kairos sich dann ereignet, wenn der betreffende Mensch in sich einen gewissen Ruhepunkt erreicht hat. Das heißt nicht, dass man sich glücklich fühlen muss, man kann auch, wie im Fall der Klientin, unglücklich sein. Doch die wahrnehmenden Sinne dürfen trotz eines intensiv erlebten Gefühls nicht getrübt sein. Im „Gefühlssturm" eines starken Affekts ist die Wahrnehmung eingeschränkt, und Kairos kann sich nicht einstellen.

Der Hinweis, eine wichtige Frage zu „überschlafen", also sie im Schlaf dem Unbewussten zu übergeben, bevor man die Entscheidung trifft, ist ein guter Rat. Es nützt nämlich oft wenig, die gegensätzlichen Aspekte einer bestimmten Frage nur zu betrachten. Das können wir in der Regel recht gut. Was uns dagegen eher schwer fällt: die Gegensätze zu einer Einheit zu bringen. Nicht zu einem Einheits„brei“, zu einem „Mischmasch“, sondern sie, nebeneinander bestehen lassend, auf die nächsthöhere Ebene zu heben. Und dies vermag das menschliche Gehirn am besten, wenn wir ihm die Gelegenheit dazu geben, wie es im Schlaf der Fall ist. Da können sich die verschiedenen Aspekte der betreffenden Frage neu ordnen, und diese neue Ordnung ergibt dann das, was wir Kairos nennen.

Das Entscheidungs-Gravitationsfeld

Es geht also darum, ein Gravitationsfeld für Kairos zu schaffen. Dieser geistige Vorgang lässt sich mit einem einfachen Vorgang aus unserem Alltag vergleichen, mit dem Kochen einer gehaltvollen Suppe oder dem Backen eines wohlschmeckenden Kuchens: Zuerst müssen alle Zutaten zusammengetragen werden, das heißt auf der geistigen Ebene, dass wir unsere Energien, die sich als Unruhe oder Ungeduld bemerkbar machen, einsammeln. Die Zutaten kommen in einen Topf bzw. eine Backform und auf oder in den Herd, der nun auf einen bestimmten Grad erhitzt wird. Und dann muss man den Koch- oder Backvorgang so lange in Ruhe lassen, bis die Speise gar ist.

Da ja letztlich Außen und Innen, Materie und Geist eins sind, spielen sich auf verschiedenen Ebenen stets dieselben Vorgänge ab. So wie die chemischen Zutaten im Topf eine Zeit lang brauchen, bis sie sich zu einer schmackhaften Speise oder im Labor eines Arzneimittelherstellers in den Reagenzgläsern zu einem wirksamen Medikament verwandelt haben, braucht auch die Seele Zeit, um die Informationen über die Frage des Betreffenden an den sie umgebenden Raum einzugeben, der sich dadurch zu einem entsprechenden Energiefeld verdichtet. Diese Dichte erzeugt ein geistiges Gravitationsfeld, das die gewünschte Antwort anzieht. Aus diesem Feld, das die Alten früher im Bild des Kairos dargestellt haben, kann dann die richtige, das heißt die mit der Person, dem Ort und der Zeit übereinstimmende Entscheidung getroffen werden.

Dasselbe gilt für das Wahrnehmen einer Synchronizität. Unserer Erfahrung nach wird eine Synchronizität am ehesten dann wahrgenommen, wenn die Gefühlslage des betreffenden Menschen hoch „aufgeladen" ist, ohne dass die emotionale Energie allzu heftig „streut", was in einem Affektzustand der Fall ist. Wenn die hohe Energiespannung zusammengehalten werden kann, der Mensch also „gefasst" ist, trotz der Gefühle von Schmerz, Trauer, Angst, aber auch Liebe, die er erlebt, wird die Wahrnehmung so weit geschärft, dass sowohl eine Synchronizität als auch der richtige Augenblick der Entscheidung einfach da ist, sich „wie von selbst" ereignet.

Eine kleine Geschichte aus der Tradition des Zen mag dies noch illustrieren:

Zu einem Meister der Kunst, das Schwert zu führen, kam ein junger Mann, der diese Kunst erlernen wollte, möglichst in kurzer Zeit. Doch der Meister sagte ihm, wenn er ungeduldig sei, würde die Ausbildung sehr viel länger dauern.

Der junge Mann beschloss, beim Lehrer zu bleiben, und fragte ganz eifrig, womit er anfangen könne. Der Meister ließ ihn das Abendessen zubereiten. Am nächsten Tag musste er das Frühstück, später das Mittagessen und danach das Abendessen kochen. So ging es drei Jahre lang. Eines Tages erschien der Meister in der Küche, versetzte dem jungen Mann mit dem Schwert einen Schlag auf den Kopf, so dass dieser ohnmächtig zu Boden sank.

Danach war wieder drei Jahre lang die Zubereitung der Mahlzeiten die einzige Beschäftigung des Schülers. Und wieder kam der Meister in die Küche und schlug den Jungen zu Boden, jetzt allerdings verlor dieser nicht das Bewusstsein. Auch die nächsten drei Jahre waren mit Essenszubereitungen ausgefüllt. Doch eines Tages, der junge Mann stand wieder in der Küche, drehte er sich blitzschnell um und nahm dem Meister das Schwert aus der Hand, das dieser gerade auf ihn niedersausen lassen wollte. Jetzt war die Ausbildung beendet, und es gab einen neuen Meister in der Kunst, das Schwert zu führen.

Diese Geschichte erzählt von der Kunst, sich so lange in ständiger Aufmerksamkeit und Selbstbeherrschung zu üben, bis man den rechten Zeitpunkt zum Handeln intuitiv erfasst. Wie in vielen Geschichten spielt auch hier wieder die Zahl Drei eine Rolle, sogar gleich dreimal.

Wenn man die – wie wir annehmen, sich ständig ereignenden – Synchronizitäten wahrnehmen möchte, die uns helfen, etwas von der Welt in ihrer Einheitlichkeit zu verstehen, brauchen wir wie dieser Adept: eifrige Begeisterung, verbunden mit Stille und Geduld, und vor allem ein sehr hohes Maß an Aufmerksamkeit.

Synchronizitäten sind Zeitpunkte – immer die richtigen Zeitpunkte.

5. Kapitel
Was ist „Erleuchtung"?

Häufig wird Erleuchtung als ein großartiges Lichterlebnis verstanden, als etwas sehr Geheimnisvolles. Doch ist es viel mehr eine Erfahrung, die überhaupt nichts Mystisches hat. Sie ist einfach, klar und leer. Deshalb tritt sie so selten auf bzw. erleben Menschen sie oft nicht. Weil die meisten Menschen sich zu viel vorstellen, weil sie so viel Wissen und Meinungen im Kopf haben, die jedoch nicht das Erlebnis der Erleuchtung auch nur annähernd übermitteln können. Erleuchtung ist eine Erfahrung, die auf einem ganzheitlichen Erleben beruht. Deshalb kann sie weder über das geschriebene noch über das gesprochene Wort wirklich vermittelt werden. Dennoch tragen wir in diesem Kapitel zusammen, was es Wissenswertes über sie gibt. Am Ende werden wir zu einem ganz einfachen Schluss gelangen.

Nicht dies – nicht das

Es gibt verschiedene Möglichkeiten, unsere Welt und alles, was mit ihr zusammenhängt – also auch Raum und Zeit –, zu betrachten. Die Naturwissenschaften erkunden ihre materielle Seite, die Geisteswissenschaften befassen sich mit der immateriellen. Wenn man diese beiden Seiten jedoch übereinander legt, sie zusammen als eins ansieht, dann kommt auf einmal etwas zum Vorschein, was vorher in der Einzelbetrachtung nicht zu sehen war. Diese Sichtweise wird auch als Schau bezeichnet, als ein Sehen also, das mehr sieht als die Einzelteile. Es sieht beides auf einmal: das Materielle und das Immaterielle. Den Gegenstand und seine Bedeutung, das Geschehen und dessen Sinn.

Es ist das Sehen der Menschen, die sich befreit haben von den Anhaftungen der Einseitigkeiten. Denn wer nur immer die eine oder nur immer die andere Seite sieht oder immer nur ein bisschen etwas von der einen Seite in die andere hineinnimmt, bleibt gefangen in der Dualität. Man sieht dann zwar das eine und das andere, doch beide Seiten meist nur im Fluss der Zeit. Das heißt: *jetzt* sehe ich das eine und – die Zeit läuft weiter – *jetzt* sehe ich das andere.

Wenn man nur auf die Abfolge der Kausalität achtet, übersieht man möglicherweise die aufregenden Synchronizitäten. Wenn man allerdings so tun wollte, als gäbe es nur Synchronizitäten und keine Kausalität, dann würde man einen wichtigen Teil der Realität ausblenden.

Wenn es jedoch gelingt, das eine und das andere als sich entsprechend, sich vollkommen gleichend, zusammenzusehen, wird damit sozusagen die Zeit angehalten, ein „Aussteigen" aus der Zeit ist möglich, und eine Synchronizität stellt sich ein. Insofern sind Synchronizitäten kleine Erleuchtungs-Erfahrungen, sie helfen, den Weg zum Selbst zu finden, sie verwandeln eine rumplige Lebensstraße voller Schlaglöcher in einen weichen, federnden Waldbodenweg, in einen Pfad, der in die Stille, in die Glückseligkeit führt.

Dieser Pfad, der Weg der Mitte ist leider ziemlich schmal. Eigentlich ist es ein Grat, der haarscharf zwischen hier und dort, zwischen links und rechts, zwischen hell und dunkel, zwischen gut und böse hindurch führt. Man kann auf ihm gerade nur einen Fuß vor den anderen setzen. Die Füße nebeneinander zu stellen bedeutet schon, mit einem hüben, mit dem anderen drüben zu sein. Und damit fängt das Hin- und Herpendeln, das Schwanken

„soll ich, soll ich nicht?“, die Ambivalenz, die Unentschiedenheit an.

„Neti - neti“ heißt es im Sanskrit, der alten heiligen Sprache Indiens, „nicht dies und nicht das“. Es ist die negative Aussage dessen, dass die Welt „Maya“ ist, Schein, ein Schleier vor unseren Augen. Die positive Aussage ist: sie ist Eins. Sie ist dies und das auf einmal, sie löst sich auf, wenn man das Materielle und Immaterielle in seinen Entsprechungen übereinander legt.

Synchronizitäten führen immer wieder zurück zum mittleren Weg, zum mittleren Punkt zwischen mir und der Welt, zwischen Innen und Außen, zwischen Alt und Neu, ja zwischen Zeit und Ewigkeit.

Der „Casablanca-Effekt“

Diese Wahrheit ist für uns in der Relativität lebenden Menschen - Albert Einstein hat bewiesen, dass unsere materiellen Sinnesorgane allein die Welt nur als relativ betrachten können - schwer zu erfassen. Das hat mit unseren beiden Augen, mit den beiden Hirnhälften zu tun. Doch es hat sich in diesem Gehirn auch etwas entwickelt, das bestrebt ist, die Teilung zu überwinden, das eine Brücke bilden möchte, damit die beiden Hemisphären zusammenspielen können. So wird die relative Sichtweise mit einer absoluten verbunden.

Dass die Augen für den Bewusstseinsprozess eine wichtige Rolle spielen, mag eine ziemlich spektakuläre Synchronizität bestätigen.

Eine Klientin berichtete, dass sie ihren Ehemann, der operiert werden sollte, ins Krankenhaus begleitete. Während sie noch bei ihm war, kam die Arztvisite. Der Chefarzt vorneweg, hinter ihm die anderen Ärzte. Die Ehefrau schaute ihnen entgegen, blickte dem Chefarzt - ohne dass sie sich dies vorher extra vorgenommen hätte - direkt in die Augen und hielt seinem Blick, der auch direkt auf ihre Augen gerichtet war, stand. Sie sah, wie er einmal kurz ihrem Blick auswich, doch sich gleich besann und den Blickkontakt zu ihr erneut aufnahm und hielt.

Diese Situation dauerte natürlich nur wenige Sekunden, und doch spürte die Frau, dass da etwas geschah, dass da eine Intensität war, die sie nicht erwartet hatte. Und sie merkte bei sich selbst, dass dieses - zeitlich gesehen kurze, doch psychisch betrachtet lang anhaltende - Erlebnis in ihr eine bisher kaum gekannte Stärke bewirkte. Denn eigentlich neigt sie dazu, sich vor solchen Autoritäten wie Chefarztpersönlichkeiten ein wenig zu fürchten, sich klein und minderwertig zu fühlen und diese Menschen lieber nicht genau anzublicken.

Sie war innerlich noch mit dem Geschehen beschäftigt, als sie ihren Mann zum Röntgen begleitete. Während er untersucht wurde, blätterte sie in einer Zeitschrift. Ein Artikel über Hirnforschung bei Epilepsie zog sie an - obwohl sie sich sonst nicht sonderlich für irgendwelche Forschungsberichte interessiert - und wie erstaunt war sie, als sie las:

„*Ich schau dir in die Augen.* Ein brandneuer, recht romantischer Befund der Elgerschen Neuronauten (der Hirnforscher heißt Christian Elger) hat hingegen bisher keine klinische Relevanz: der Casablanca-Effekt. Bei Männern reagiert der gleich beim Hippocampus gelegene Mandelkern genau dann besonders heftig, wenn Frauen ihnen direkt in die Augen schauen - oder umgekehrt ..."

Was heißt das nun für die Frau? Sie erlebt etwas und liest ungefähr eine Stunde danach einen entsprechenden Bericht in einer Zeitschrift. Rein äußerlich gesehen haben diese beiden Situationen nichts miteinander zu tun, zumal die Zeitschrift schon relativ alt ist. Innerlich jedoch bedeutet diese Gleichzeitigkeit für die Frau eine ganze Menge. Was macht sie mit diesem Erlebnis? Hat es einen Sinn für sie? Wir sprechen darüber:

„Ja", meinte sie, „mir ist klar geworden, dass in mir ganz viel Stärke ist. Ich glaube, ich habe mich davor noch nie so richtig getraut, jemandem derart lange in die Augen zu schauen – und schon gar keiner so ‚hoch gestellten' Persönlichkeit wie einem Chefarzt."

„Was meinen Sie, warum Sie ausgerechnet in dieser Situation die Kraft in sich gespürt, warum Sie sich da getraut haben, dem Blick des Arztes standzuhalten?"

Sie überlegte nicht lange und antwortete: „Ich glaube, diese Kraft in mir wurde ausgelöst durch die Liebe zu meinem Mann. Ich wollte, dass die Operation gut verlaufen möge, und habe mir deshalb genau den Menschen angeschaut, der die Operation ausführen wird. Irgendwie – das wurde mir aber erst hinterher bewusst – wollte ich ihm auch signalisieren: ‚Du hast es hier mit einer starken Frau zu tun. Also gib dir Mühe, die Operation so gut wie nur irgend möglich zu machen. Sonst bekommst du es mit mir zu tun.'"

„Also war in Ihnen auch so etwas wie eine Kampfbereitschaft?" fragte ich. Sie bestätigte: „Ja, eine Kampfbereitschaft und eine Bereitschaft, mich ganz in diese Sache einzulassen."

Es geht also um Hingabe, es geht um Ganz-sich-selbst-Sein, es geht um Leidenschaft, es geht um die Mobilisierung aller zur Verfügung stehenden Energie. Denn diese stellt die Kraft bereit für den „großen" Weg, für den Weg zur Selbstwerdung, für den Weg zur Befreiung. Und wenn es die Energie der Liebe ist, dann gleicht der Weg einem weichen, federnden Waldboden.

In Balance sein

Mit dem Phänomen der Kräfte, die durch Liebe und Glück erzeugt werden, weil sie am schnellsten zur Erleuchtung führen, haben sich vor allem die östlichen Kulturen schon seit langem ausführlich beschäftigt und auch auf der Erfahrungsebene viel darüber herausgefunden. Mit der Bedeutung der seelischen und feinen körperlichen Energien, wie sie z.B. im Yoga gelehrt werden, finden sie heute bei uns im Westen ebenfalls viel Aufmerksamkeit. Auch die Praktiken des Tantra, in denen es um die Vereinigung der Gegensätze geht – Tantra heißt „Gewebe" –, finden regen Zuspruch. Es scheint also die Zeit gekommen zu sein, in der immer mehr Menschen erkennen, dass es um die Vereinigung der Gegensätze geht, dass eine neue Zusammenschau der Wirklichkeit und auch ein Zusammenschluss der Welt, wie es in der „global world" geschieht, dem Bewusstseinsstand der Menschen zum gegenwärtigen Zeitpunkt entspricht.

Es gibt heute wohl stärker als je die Sehnsucht nach Ganzheit, Einheit und Vollendung. Sie veranlasst, dass Menschen sich auf den Individuationsweg begeben, dass sie nach Selbstoptimierung verlangen.

Sie treibt auch Frau und Mann einander in die Arme, und dabei entsteht dann auf der biologischen Ebene oftmals das Dritte, das Kind.

Zur Vereinigung der Gegensätze, sowohl auf der psychischen wie auf der körperlichen Ebene, sollen nach der alten indischen Lehre die Chakren, die Zentren „feinstofflicher" Energien, dienen, die entlang der Wirbelsäule bis in den Kopf hineingehend angeordnet seien. Sie umfassen ein „Balance-System", das Seele und Körper vereint. Dazu gehört als Energiezentrum auch das „dritte Auge", das im Bereich der unteren Stirn zwischen den beiden physischen Augen lokalisiert ist.

Die heutige Hirnforschung bestätigt die Annahme einer solchen Balancierfähigkeit des Gehirns in dem Teil, der die beiden Hirnhälften miteinander verbindet. Er liegt tatsächlich zwischen den beiden Augen und wird „Gyrus cinguli“ genannt.

Der Mediziner und Neurophysiologe Detlef Linke beschäftigt sich in seinem Buch „Das Gehirn“ vor allem mit dem Empfinden von Glück beim Menschen, und er kommt zu dem Schluss, dass das menschliche Gehirn ein System ist, das sich bemüht, Glückszustände herzustellen. Es möchte also im Zustand der „Erleuchtung“ sein. Linke betont, dass die Glückszustände sich immer nur dann einstellen, wenn keine der Funktionen, zu der ein Mensch fähig ist, unterdrückt wird, dass alles zusammenspielen muss, um diesen ersehnten Zustand zu erreichen.

Er entspricht dem ausgeglichenen, in sich ruhenden Menschen, einem, der mit sich und der Welt im Reinen ist. Diesen Ergebnissen aus der Hirnforschung ist allergrößte Bedeutung zuzumessen.

Es geht also um das „Sowohl-als-auch“. Nicht nur das eine, nicht nur die Kausalität, sondern auch das andere, die Synchronizität, führen letztlich zu der Gesamtsicht der Wirklichkeit und damit zum Glücksgefühl. Denken und Fühlen, Empfinden und Intuieren – diese vier Funktionen, mit denen sich das Ich des Menschen durch seinen Alltag bewegt, wie es in der Psychologie C. G. Jungs gesehen wird – müssen gleichermaßen in Anspruch genommen werden, wenn das Balance-System Gehirn Glückshormone ausschütten soll. Und es muss Frieden herrschen im Inneren.

Unser Gehirn registriert den Ablauf der Zeit in seinen beiden Hälften unterschiedlich, meistens erlebt sie die rechte Hirnhälfte langsamer verstreichend als die in der Regel aktivere linke Hälfte. Das „Aussteigen“ aus der Zeit, das Erleben von Zeitlosigkeit, das mit einem Glücksgefühl einhergeht, kann sich allerdings nur dann einstellen, wenn der „Gyrus cinguli“ entsprechend aktiviert ist. Detlef Linke sagt auch, wie das geschehen kann:

„Nicht die fehlende Differenziertheit des logischen Schließens ist es, die im Alter als Mangel empfunden wird, sondern die Schwächung der emotionalen Ausbalancierungsfähigkeit. Eine der besten Übungen können wir in der Schlange vor der Kasse des Supermarktes vollführen.

Achten wir auf die Gedanken und die Ungeduld, die uns dort überwältigen wollen, und versuchen sie in Balance zu halten. Man braucht für solche Übungen nicht in einen Ashram Sri Aurobindos nach Südindien zu pilgern. Die Einübung der Balance der Gedanken und Gefühle, das entscheidende Training des Frontalhirns, gelingt am besten in der Schlange vor dem Fahrkartenschalter.

Das Training der Belohnungsschleifen im Frontalhirn durch Verzögerung von Erfüllung wird am Ende jeden, der es versucht, beglücken. Hirnforschung wird Philosophie nicht ersetzen, denn beide werden an einer gerechten Balance der Dinge arbeiten."[2]

Wir können nur frei werden - und das schon in diesem Leben -, wenn wir die Dualität überwinden, die Gegensätze vereinigen, die Einseitigkeiten vermeiden.

Dasselbe geschieht in den Synchronizitäten. Auch - vor allem - in ihnen erleben wir die Vereinigung der Gegensätze von Materie und Geist.

Synchronizitäten schaffen Ausgleich;
sie sind Balance-Akte in der Zeit.

Das Erwachen

Die Seher, Propheten, Mystiker und großen Weisheitslehrer der Menschheit über die Jahrtausende hinweg haben sich stets große Mühe gegeben, uns einen Zustand zu beschreiben, der uns aus der Verzweiflung und Aussichtslosigkeit der leidenden Kreatur herauszulösen vermag. Natürlich können sie das immer nur mit den Mitteln, die dem entsprechenden Bewusstseinsstand der Menschen zu den jeweiligen Zeiten entsprechen.

Auch heute geschieht das Erwachen nicht einfach nur durch ein entsprechendes Wissen, dennoch kann es hilfreich sein, es kann uns die Hand reichen, die uns da hineinführt. Letztendlich jedoch hängt die Erfahrung der Erleuchtung allerdings an der Erlebnisbereitschaft des einzelnen Menschen.

Die Hirnforscher haben herausgefunden, dass die Region des „Gyrus cinguli" auch sehr viel mit der Schmerzverarbeitung zu tun hat. Wenn dieser Bereich im Gehirn also ausreichend aktiviert werden soll, darf der betreffende Mensch sich den schmerzvollen Erfahrungen körperlicher und seelischer Art nicht entziehen. Detlef Linke vermutet, dass psychotische Erkrankungen bevorzugt dann ausbrechen, wenn der Betreffende „auf alle Fälle, gleichsam auf Biegen und Brechen, alles Schmerzhafte vermeiden will"[3].

Andererseits stellt er jedoch auch die Überlegung an, ob „der Schmerz gerade dort das Individuum trifft, wo es sich in seiner Aufmerksamkeit zu Entscheidungsprozessen zusammenrafft"[4].

Das heißt: wie wir es auch anstellen, wir kommen um den Schmerz nicht herum. Er gehört zum Leben. Und wir kommen auch um das Leben nicht herum, wenn wir die Erleuchtung suchen. Sie kann nur im Leben, und zwar im voll gelebten Leben, gefunden werden. Alles, was wir ausblenden, was wir nicht wollen, führt uns ein Stück von der letztendlichen Glückseligkeit weg. Wir können sie nicht intellektuell erfassen, wir können sie nicht erlernen, wir erreichen sie nicht, wenn wir in schönen Phantasien schwelgen oder uns sonst etwas Unrealistisches vormachen. Wir können sie nur er*leben*. Das Leben selbst lehrt sie uns. Wir brauchen nur bereit zu sein, aus dem Traum *über* das Leben zu erwachen. Wir müssen das Leben an uns arbeiten lassen, das Leben lieben, es annehmen, wie es ist.

Was nicht heißt, dass wir uns willenlos allem überlassen, was das Leben uns bietet, oder dass wir ungehemmt unsere Affekte ausleben.

Denn, das weiß man heute, das Glücksgefühl, das wir Erleuchtung nennen, in dem wir aus dem unaufhörlichen Lauf der Zeit „aussteigen" können, stellt sich erst dann ein, wenn wir bereit sind, „still" zu werden. Wenn wir den Schmerz annehmen, ihn nicht unterdrücken oder mit ihm kämpfen, wenn wir die Affekte zulassen, jedoch sie nicht ausagieren, sondern sie bei uns halten.

Das Halten der Energie, der Lebensenergie, sowohl auf der seelischen wie auf der körperlichen Ebene, ist das Geheimnis, das auf dem schnellsten Wege zur Erleuchtung führt. Es ist auch das Geheimnis, das die Synchronizitäten auslöst und das „Kairos" auf den Plan ruft. Nicht zu schnell, nicht zu unüberlegt, weder in Panik noch im Glücksrausch handeln, sondern zunächst einmal „cool" bleiben, einen „kühlen Kopf" bewahren - ohne das, was innerlich auftaucht, dabei auf die Seite zu schieben -, das ist der sichere Weg zur Erleuchtung.

Wenn man erwachen möchte, ist das nur möglich, wenn man die Realität so sieht, wie sie wirklich ist, und sich nichts vormacht. Wenn man sie annimmt, sie lässt, wie sie ist, sie nicht „auf Biegen und Brechen" verändern will, es nicht „mit Gewalt" versucht. Es geht nur mit Frieden im Herzen, für sich, für andere, für das Leben.

Bewusstseins-Schwingungen

Im Zusammenhang mit den Synchronizitäten geht es immer um das Bewusstsein. Denn letztlich gibt es nichts anderesals das, was die großen Weisheitslehrer schon längst wussten und die Physiker heute bestätigen.

Die Welt ist leer, sagen sie in schöner Übereinstimmung, es gibt nichts absolut Festes, alles befindet sich in immerwährender Schwingung, wobei selbst die allerkleinsten Teilchen bzw. Quanten voneinander „wissen“, obwohl sie sich dessen nicht auf die Weise bewusst sind, wie wir das Bewusstsein kennen. Doch der „Stoff“, aus dem das Bewusstsein besteht, ist in allem und jedem vorhanden. Bisher gab es nur Bilder oder poetische Beschreibungen, die uns diese Tatsache vermitteln, z.B.:

„Ich bin das Ewige, das Unsterbliche, das Allesdurchdringende. Das bin ich, und das bist du.“

Das ist die Grundlage für die Synchronizitäten, denn in ihnen wird deutlich, dass es ein zeit- und raumübergreifendes Wissen auf der subatomaren Ebene gibt, das immer dann sichtbar wird, wenn eine entsprechende Konstellation hierfür vorliegt, d.h., wenn der erlebende Mensch sich auf der Schwingungsebene dieses Wissens befindet. Das Wissen ist immer da, das Materielle und sein immaterielles „Gegenstück“ oder „Spiegelbild“ befinden sich in fortwährender Einheit, „spielen“ miteinander, doch wir können dieses „Spiel“ nur beobachten, wenn wir uns ebenfalls auf dieser Schwingungsebene befinden, wenn unser Gehirn auf einen bestimmten Frequenzbereich ausgerichtet ist: So wie unsere Radio- und Fernsehgeräte auf die Frequenz eingestellt sein müssen, die der Sender zur Übermittlung seiner Bilder und Töne verwendet. Das menschliche Gehirn stellt für die Schwingung des reinen Bewusstseins ebenso eine Umschaltstation dar, wie es die Sendetürme zur Vermittlung der Radio- und Fernsehwellen zum Empfängergerät tun.

Wenn man sich die Religionsgeschichte zur Entwicklung des menschlichen Bewusstseins anschaut, erkennt man, dass sich die Differenzierung des Bewusstseins, wie es uns heute eigen ist, zu einem immer feiner werdenden Schwingungsbereich vollzogen hat.

Zur Zeit des Alten Testaments, nachdem die Menschheit aus der „participation mystique", dem Verschmolzensein mit ihrer natürlichen Umgebung, wie es noch in der Geschichte vom Paradies beschrieben wird, herausgetreten, erwacht ist, erlebten die Menschen einen Gott, der sich ihnen sehr affektiv zeigte. Er wurde immer mal wieder recht zornig, schickte eine große Sintflut und zerstörte Städte wie Sodom und Gomorra. Das heißt, die Menschen damals erlebten in ihrem Bewusstsein einen Gott, dem sie das, was wir heute Naturkatastrophen nennen, zuschrieben.

In späteren Zeiten, der alten Griechen beispielsweise, ging das Bewusstsein schon dazu über, intellektuell zu werden. Dann, in der Zeit, in der ein Mensch wie Jesus Christus erscheinen konnte, entdeckte es die Kraft der Liebe. Nicht nur der Liebe, wie sie sich in der Sexualität zeigt, sondern der mitfühlenden Liebe zur leidenden Kreatur.

Heute vermag die Integration dieser Bewusstseinsqualitäten uns in eine noch intensivere, höhere Schwingungsebene hineinzuführen.

Hier nun taucht ein Begriff auf, der ganz wesentlich ist für das Verständnis des Bewusstseins und der Synchronizitäten, nämlich Qualität. Das erkennende Bewusstsein, um das es letztendlich geht, ist nicht eines, das nur auf der Wahrnehmung durch die Sinnesorgane beruht. Qualität wird erst dann erkannt, wenn das Fühlen hinzukommt. Wir sehen, hören, riechen, tasten nicht, ob etwas qualitativ wertvoll ist, wir fühlen es. Erst das unterscheidende Gefühl verrät uns einiges vom Wesen dessen, das wir beurteilen. Also hat Qualität auch zu tun mit: „ein Urteil fällen".

Genau darum aber geht es im Bereich der Synchronizitäten, wie wir sie hier beschreiben. Wir zeigen nicht Zufälligkeiten oder Gleichzeitigkeiten an sich auf, sondern verbinden sie mit dem Sinn, den sie für die erlebende Person ergeben. Die Sinnfindung kann nur durch eine Beurteilung erfolgen – „ist dieses Geschehen für mich sinnvoll?“ –, sie entspricht also einer Qualität.

Das heißt, wenn uns Synchronizitäten zufallen, die wir als sinnvoll erachten, *fühlen* wir die Qualität, die sie für uns haben, und können nun leicht den Sinn erkennen, der dann durchaus auch konstruiert werden kann. Weil fühlen und denken zusammengehören.

Wir können diesen Prozess unterstützen, indem wir üben, die Energien der Affekte und Gefühle zu halten, sie nicht einfach streuen, sondern sie mit einfließen lassen in das Bewusstsein und in unserem Inneren das tun, was wir schon mit Laser-Geräten machen. In ihnen werden auch frei streuende Energien – Photonen – eingefangen, auf eine gleiche Schwingungsebene gebracht, gehalten und so lange verstärkt, bis sie die Feinheit und Intensität erreicht haben, die nötig ist, um beispielsweise allerfeinste Operationen durchführen zu können. Der Unterschied zwischen uns Menschen und einem Laser-Gerät liegt im erkennenden, unterscheidenden Gefühl.

Bildhaft beschrieben hat diesen Vorgang schon der (deutschstämmige) Lama Anagarika Govinda, der die feinstofflichen Energien erklärt, die in menschlicher Gestalt als weibliche Gottheiten, als „Ätherwanderinnen“, im Indischen „dakinis“ genannt, erscheinen:

„Dakini sind inspirierende Impulse mit der Fähigkeit, die von ihnen genutzten Kräfte zu verstärken, zu konzentrieren und zu integrieren, bis sie in einem weißglühenden Punkt gebündelt sind und die zur Erleuchtung führende heilige Flamme der Inspiration entzünden.“[5]

Das heißt nun nicht, dass wir mit der „Erleuchtung“ warten müssen, bis unser Bewusstsein die Schwingungsebene des absoluten Bewusstseinsgrundes erreicht hat, es wird dann nur leichter für alle Menschen sein. Wir können uns aber schon heute in diese Schwingungsebene hineinbegeben. Denn die Schwingung dieses absoluten Bewusstseinsgrunds ist von Zeit und Raum unabhängig immer schon vorhanden. Wir sind in ihr, auch wenn wir es nicht wahrnehmen. Wir können auch nicht aus ihr herausfallen. Das ist sehr tröstlich. Wir können nur hineinfallen. Wenn wir loslassen – Vorstellungen, Überzeugungen, Theorien, Konzepte *über* das Leben, Ärger, Unfrieden und alles, was uns zur Unruhe und Zerstreuung treibt. Die feine Schwingung der mitfühlenden Liebe, der stillen Freude, der Gelassenheit und der Friedfertigkeit ermöglicht uns die Öffnung, die es braucht, um der immerwährenden spirituellen Schwingung des absoluten Bewusstseinsgrunds gewahr zu werden. Es ist das Erkennen des Jetzt, in dem es keine Zeit gibt, in dem Vergangenheit und Zukunft zur ewigen Gegenwart und zur Einheit von Geist und Materie in eins fallen.

Es geschieht im persönlichen Leben in den sinnstiftenden Synchronizitäten – wenn wir bereit sind, sie wahrzunehmen. Sie können dazu beitragen, still zu werden, weil wir in ihnen sehen, dass es den uns tragenden Bewusstseinsgrund gibt. Er weiß, was wir brauchen, zeigt sich und vermittelt uns damit, dass wir ruhig bleiben und vertrauen können, dass wir gesehen, geführt und geliebt werden. Insofern geht es wirklich nur um unsere Bereitschaft, loszulassen und uns ganz wach, ganz aufmerksam dieser Schwingung anzuvertrauen, sie in unser Herz einzulassen.

Synchronizitäten vermitteln, fest ins Lebensverständnis verankert, ein großes Vertrauen im doppelten Sinn: auf die wissenden und richtungweisenden inneren Kräfte des Unbewussten und auf Gott, wenn ich diese Erlebnisdimension in mein Leben mit aufnehmen will. Die Verantwortung liegt immer bei mir.

Teil 2:
Mit Synchronizitäten leben

Wenn wir länger mit Synchronizitäten leben, sie in unserem Alltag beobachten und ernst nehmen, dann wissen wir, dass wir nicht allein unterwegs sind. Unser Leben ist begleitet von Helfern, die genau zu wissen scheinen, wer wir zu bestimmten Zeitmomenten sind, wie sich unser Leben gerade abspielt und gestaltet und wohin wir zur Zeit oder auf längere Sicht unterwegs sind. Sie sind Quellen der Gewissheit, denen ich mich zugewandt und anvertraut habe. Es mag einige Zeit dauern, bis ich mich zu dieser neuen Sicht entschließe und meinen Horizont für mein Leben und mein Selbstverständnis in der Welt entsprechend erweitere, aber dann ist es so weit. Bisher Fremdes oder Komisches wird selbstverständlich, wird Teil meines täglich gelebten Lebens, wird Alltag. Dag Hammarskjöld hat es so formuliert:

„Ich weiß nicht, wer - oder was - die Frage stellte. Ich weiß nicht, wann sie gestellt wurde. Ich weiß nicht, ob ich antwortete. Aber einmal antwortete ich *ja* zu jemandem - oder zu etwas. Von dieser Stunde an rührt die Gewissheit, dass das Dasein sinnvoll ist und dass darum mein Leben, in Unterwerfung, ein Ziel hat. Seit dieser Stunde habe ich gewusst, was das heißt, ‚nicht hinter sich zu schauen', ‚nicht für den anderen Tag zu sorgen'."

Dass die Sinnfrage einfach und natürlich werden könnte, klingt sehr leicht, und doch fehlt diese Perspektive so oft, und das Leben wird schwieriger, als es sein müsste. Die Sinnfrage bleibt meist mit irgendwelchen „großen" Vorstellungen verknüpft, an die wir uns lieber nicht heranwagen, von besonderen Situationen abgesehen. Doch das ist völlig unnötig, wir verzichten freiwillig oder ohne es zu wissen, auf wunderbare Möglichkeiten, die sich uns bieten. Sie gehört deshalb leider nicht zu unserem Alltag, in dem wir von morgens bis abends leben. Beobachten wir unser Sprachverhalten, so kann uns bewusst werden, wie häufig wir gerade im Alltag das Wort „Sinn" verwenden. „Das ist doch sinnlos", „das macht Sinn", „sinnvolle Zusammenhänge" erkennen wir usw. Sinn ist immer in unseren Köpfen und Gedanken, wir nutzen diese Möglichkeit, die unser Kopf uns bietet, jedoch kaum für die Bewältigung der täglichen Pflichten und Aufgaben.

1. Kapitel
Zu werden, der ich bin, der du bist

Das einzige wirkliche Kapital, das wir haben, ist die Möglichkeit zur Selbstentfaltung, alles das in sich herauszuarbeiten, zu entfalten, was als Anlage da ist.

Dieses Kapital rostet ebenso wenig wie die Schätze, die wir im Himmel sammeln können, es wird uns nie gestohlen, es kann nicht wirklich verloren gehen, weil es tief in unserer Seele, in unserem Körper, in unserem Geist verankert ist. Es ist das, was wir sind und werden, es ist die innere Gestalt unserer Person, die auch unser Äußeres mitprägt. So trage ich eine bestimmte Kleidung, weil sie mir steht, ich nach meiner und anderer Meinung darin gut aussehe. Sie zeigt in gewisser Weise, wer ich bin oder als was und wer ich gesehen werden will.

Was hat sonst wirklich Bestand in unserem Leben? Unsere Umgebung verändert sich ständig, liebe Menschen trennen sich von uns, unsere Eltern sind gestorben, Millionen Menschen in unserer Welt mussten ihre Heimat, mussten Haus und Hof verlassen, leben heute noch in großen Gruppen in Lagern unter Bedingungen, die sich nur diejenigen vorstellen können, die dort leben oder mit diesen Menschen zu tun haben. Und immer wieder ist es wichtig, sich für Gerechtigkeit und Frieden aktiv einzusetzen, auch wenn man scheitert.

Ist es da nicht wunderbar, zu wissen, dass wir etwas in uns haben, das, mit irdischen Maßstäben gemessen, unvergänglich ist? Was uns wirklich bleibt, uns immer zur Verfügung steht, wie ein

Konto in den schwarzen Zahlen? Aber bei näherem Hinschauen ist das gar nicht so einfach, wie es zunächst klingt. Schauen wir nur einmal hinein in das große Feld des „Ich bin" in unserem Leben, und wir stellen eine Fülle von Tatbeständen fest, die uns vielleicht bisher noch gar nicht bewusst gewesen sind.

Sich mit der Frage nach der Identität zu beschäftigen, gehört deshalb zu unserem Thema, weil wir in den Synchronizitäten einerseits erleben, dass sie den Einzelnen in einer bestimmten Situation, in der Ermutigung gebraucht wird, direkt „anklicken". Sie wenden sich also ganz eindeutig diesem speziellen Menschen zu. Andererseits wird uns durch die Synchronizität aber gezeigt, dass der Grund, aus dem sie aufsteigen, ein unermesslicher Raum des Allwissens ist, in dem nicht nur für den einzelnen Menschen gesorgt wird, sondern für alle und alles gleichzeitig. In diesem „Meer von Informationen" könnte es also schnell zu Verwechslungen kommen. Doch dies geschieht gerade nicht. Denn die Individualität ist genau so wichtig wie das große „Sammelbecken", in dem alle Individuen eins sind. Insofern sind Synchronizitäten Hinweise und Erweiterungen der Identität.

„Ich bin"-Sätze, die mein Leben bestimmen

Die möglichen Antworten auf die eben gestellte Frage sind so vielfältig wie das Leben, wie die Menschen als Frau und Mann, als Angehörige bestimmter Volksgruppen und Rassen, als Jung und Alt usw.

Einige mögliche Antworten sind: „Ich bin eine Frau." „Ich bin ein Mann." Das sagt sich so selbstverständlich, ist es aber gar nicht, wenn man sich die nicht endenden Diskussionen über unsere Geschlechterrollen anhört. „Ich bin Deutscher." Auch das klingt harmlos, wenn es nicht mit bestimmten Fahnen und als Angehöriger bestimmter radikaler Gruppen gesungen oder gebrüllt wird. „Ich bin" mündet dann in ein „Wir sind". Aus dem einzelnen „Ich" wird dann ein großes „Wir", eine Gruppe, die sich wie mit einem gemeinsamen „Ich" verhält, von dem keine Abweichungen geduldet werden. Das „Ich bin", so wie ich mich als Einzelwesen verstehe, führt fast immer zu Gruppenzugehörigkeiten. Die Einsamkeit ist so besser zu ertragen, die oft große innere Unsicherheit verfliegt, wenn wir Viele sind. „Gemeinsam sind wir stark!" Das hat die Geschichte zur Genüge gezeigt, und das wird so bleiben, im privaten, gesellschaftlichen, politischen und religiösen Leben. Wie immer hat auch diese Seite unseres Menschseins viele gute, aber auch problematische Aspekte, deren wir uns bewusst werden müssen, wenn sie uns nicht überrollen sollen.

Die „Ich-bin-Sätze" müssen noch ergänzt werden, wenn man sie in ihrer vollen Tragweite für sich selbst und andere sehen will. Zum Beispiel: „Ich bin ein treuer Ehemann". „Ich bin eine selbstständige Frau". „Wir sind fürsorgliche und begeisterte Eltern". Damit ist noch mehr ausgesagt, und zugleich haben wir uns, habe ich mich festgelegt. Diese Sätze wirken wie ein innerer Spiegel. Ich prüfe immer wieder, ob ich noch mit ihnen übereinstimme. „Ich bin doch schließlich . . .", sage ich mir zur Selbstbestätigung und auch zur Stabilisierung meiner Persönlichkeit. Wenn ich mich als selbstständige Frau verstehe, achte ich darauf, dass ich als eine solche auch von meiner Umgebung wahrgenommen werde und mich diesem „Ich-bin-Bild" von mir entsprechend verhalte.

„Ich-bin-Bilder" sind eine meine Person aufrechterhaltende Instanz in mir, aber auch ein Gefängnis, in dem ich mich lebenslang festhalte. Sie begrenzen meinen Handlungsspielraum, legen mein Selbstverständnis fest und engen mich vielleicht sogar erheblich ein – wie alles, was mich schützt. Wenn ich die Tore meiner Burg schließe, bin ich zwar sicher, aber auch darin gefangen.

So stellt sich die Frage, ob ich bei diesen gewohnten Vorstellungen über mich selbst bleiben will oder sie zumindest einmal überprüfen sollte, ob sie mir heute noch den Dienst tun, den sie mir seit vielen Jahren geleistet haben. Was mich einmal schützte, kann heute zum Gefängnis werden. Da sind es nun oft synchronistische Erlebnisse, die das Tor zu einer neuen Sicht und zu einem neuen Verständnis meiner Person eröffnen können.

„Ich bin jemand, der sich nie geprügelt hat." Ein Mann sagte diesen Satz von sich selbst in einem Telefongespräch mit seiner alten Freundin. Sie hatten lange nicht mehr miteinander gesprochen und wussten deshalb wenig bis gar nichts darüber, wie es dem anderen geht. Sie hatten allerdings schon oft festgestellt, dass sie sich in ganz ähnlichen Situationen befinden, sie erlebten viele Synchronizitäten, so dass ihnen das eigentlich selbstverständlich war. Sie dachten gar nicht mehr darüber nach. So war es auch diesmal.

Er erzählte ihr, es sei doch zum Verrücktwerden, immer werde er in kleine Autounfälle verwickelt, jemand fährt von hinten auf seinen Wagen auf, er wird auf die Seite der Straße „gemobbt", wie er sich ausdrückte, sei ständig Gegenstand und Opfer von Verkehrsrowdies, wie es bisher noch nie gewesen sei. Bei einem Unfall habe sich der Gegner gleich einen neuen Kotflügel montieren lassen, obwohl das vom Gutachter gar nicht erwähnt worden sei, und jetzt stehe er vor der unangenehmen Frage, ob er dies einfach hinnehmen oder dagegen vorgehen wolle. All das koste wieder Zeit und Kraft und sei sehr ärgerlich.

Nachdem sie sich das angehört hatte, musste sie lachen, denn sie wollte ihm Ähnliches erzählen. Auch sie sei gerade in Situationen, in denen sie nur noch um ihr Recht kämpfen müsse, was sie eigentlich gar nicht wolle und was auch nicht zu ihr passe. Das sei nicht ihre Art. Er bestätigte Entsprechendes von sich. Sie sieht sich Intrigen ausgesetzt, gegen die sie nur schwerlich etwas tun könne, auch sie werde betrogen, allerdings um größere Summen, als ein Kotflügel koste.

Als sie so miteinander sprachen, wurde beiden klar, dass sie sich auf Grund von äußeren Zuschreibungen im Sinne von „Du bist . . .“ als eine, als einen entsprechenden „Ich bin“ verstanden hatten. Wir nehmen diese Behauptungen über uns, die in den ersten Lebensjahren schon von elterlichen Autoritäten kommen, als Wahrheiten über uns selbst auf und bleiben darin gefangen.

Er erinnerte sich plötzlich, dass seine Mutter ihm verboten hatte, bei kindlichen Streitereien oder Prügeleien zurückzuschlagen. Er hatte nur gelernt, einzustecken oder zu fliehen. Seine Fäuste zu seiner Verteidigung zu gebrauchen, war ihm strikt verboten. Jetzt erkannte er, dass es für ihn an der Zeit ist, dieses Bild von sich selbst zu ändern und Aggressionen zuzulassen, in sein Bild von sich selbst aufzunehmen. „Ich bin jemand, der sich wehrt - der sich wehren darf“, heißt es oft am Anfang noch ganz vorsichtig in der Auseinandersetzung mit sich selbst. „Ich brauche dazu noch die Erlaubnis.“ Die allerdings heute nicht mehr von seiner äußeren Mutter gegeben werden kann. Die innere Mutter, die mütterliche Instanz in ihm, ist gefragt. Das heißt, nur er selbst kann - vielleicht braucht er dazu professionelle Hilfe - das einstige mütterliche Verbot in eine vernünftige, jetzt wirksame Erlaubnis verwandeln.

Für seine Freundin stellt es sich gleichermaßen dar: Sie konnte ihrer Mutter, aber besonders ihrem Vater, nur dann wirklich gefallen, wenn sie lieb, anschmiegsam und sanft war, die Prügel von ihrem physisch viel stärkeren, wenn auch jüngeren Bruder hinnahm und sich nicht wehrte. Doch das geht jetzt nicht mehr. Sie muss sich wehren, z. T. mit Mitteln, die ihr eigentlich primitiv vorkommen, die jetzt aber notwendig sind.

Bei diesem Beispiel handelt es sich, streng genommen, nicht um eine Synchronizität, denn es fällt nicht das Geistige mit dem Materiellen zusammen. Es geht hier um ähnliches Erleben. Wir halten es trotzdem für wichtig, weil es ebenso wie die „richtigen" Synchronizitäten einen Blick in den „Arbeitsbereich des großen Wissens" gewährt. Ganz sicher nicht von ungefähr wird aus dem Unbewussten heraus die Situation so „arrangiert", dass die beiden Menschen, die gerade Ähnliches erleben, über das Telefon zusammen„geschaltet" werden, um neue, für den jetzigen Lebensabschnitt sinnvolle Erkenntnisse zu gewinnen. Solche Erlebnisse eröffnen nicht nur den Blick auf das „große Ganze", sie machen uns auch vor allem bewusst, dass das Unbewusste über eine sinnstiftende Instanz verfügt, die in uns in bestimmten, bedeutsamen Lebenssituationen lebendig wird und uns zu weiterer Bewusstheit führt.

Synchronizitäten erweitern mein Selbstverständnis und bestätigen die neuen Gesichtspunkte.

„Wahres" und „falsches" Selbst

Wir gehen davon aus, dass sich „hinter" diesen „Ich-bin-Sätzen" etwas verbirgt, das wir unseren wahren Kern nennen könnten, nämlich die und der, die wir „wirklich" sind. Wir gehen weiter davon aus, dass dieser wahre Kern erkennbar ist, dass ich ihm gemäß leben kann, wenn ich den Mut dazu habe.

In der Psychologie hat sich der Standpunkt durchgesetzt, das „wahre" von einem „falschen" Selbst zu unterscheiden. Was heißt das? Es heißt, dass wir uns völlig verfremden können, dass wir meist genau wissen, was unsere Umgebung – uns näher oder, wie

z. B. im Berufsleben, ferner stehende Menschen – von uns in der Regel wie selbstverständlich erwarten. Dabei haben wir kaum noch eine Ahnung davon, wer wir selbst sind, was wir eigentlich vom Leben möchten, was der Sinn unseres Lebens sein könnte. Natürlich gehört es dazu, dass wir uns einfügen, dass wir uns anpassen können, dass wir in einer Gemeinschaft leben müssen und auch wollen. Und dazu gehört es eben, dass wir auch darauf achten, wie es den anderen geht, wie ihr Leben zusammen mit dem unseren verläuft. Das ist jedoch nur die eine Seite. Die andere sind wir.

Wenn ich z. B. sage, dass ich überhaupt nicht mehr zu mir selbst komme, so gehe ich davon aus, dass es dieses Selbst, diesen persönlichen Kern gibt, dass ich nur zur Zeit ziemlich weit davon entfernt bin. Die meisten Menschen spüren, wenn auch nur vage, wer oder was sie „eigentlich" sind. Oft wissen wir es noch eher in jungen Jahren, wer wir sind, als später im Leben nach vielen Erfahrungen mit uns selbst und anderen. Aber auch da sind die verfremdenden Einflüsse oft schon so stark am Werk gewesen, dass vom eigentlichen Kern kaum noch etwas sichtbar und spürbar ist. Es braucht dann Zeit und innere Arbeit, um sich dem wieder anzunähern, was wir immer schon waren und sind, wenn es auch noch verborgen ist. Synchronizitäten unterstützen diese Selbstfindungsarbeit. Wir müssen nur genau hinschauen und hinhören, um sie mit ihrer leitenden Botschaft zu entdecken.

Nicht selten ereignen sich Synchronizitäten in Zusammenhängen, deren Sinn nicht so offenbar ist wie bei anderen, wo er für den oder die Beteiligten unmittelbar zu erkennen, zu konstruieren ist. Erst später sieht man, worauf „es" hinauslaufen könnte. So geschah einem Arzt – er ist Internist und arbeitet in einer psychosomatischen Klinik – Folgendes:

„Im Dienst in der Klinik wird mir am frühen Morgen eine Frau mit Bauchschmerzen vorgestellt. Obwohl es eine plausible Erklärung für ihre Beschwerden gibt, weil sie bald nach Hause fahren soll, hält mich etwas davon ab, an funktionelle Beschwerden zu glauben. Ich habe das Gefühl, es könnte eine Gallenkolik dahinter stecken und bestätige die Verdachtsdiagnose im Ultraschall. Ich freue mich zunächst darüber und sage zu meiner Kollegin, es mache richtig Spaß, einmal wieder Organmedizin zu betreiben. Später, auf dem Weg zum Auto, verspüre ich dann unerklärlicherweise den dringenden Wunsch, das Brahms-Requiem zu hören. Ich wundere mich über diesen unerwarteten Einfall.

Auf dem Heimweg komme ich an einem Berggrat in einen Stau. Vorne auf der Straße liegt bewegungslos ein Mann. Aufgeregte Menschen. Ich hole meinen Rettungskoffer und beginne mit Hilfe der Passanten mit der Wiederbelebung. Als wir gerade aufgeben wollten, stellte sich noch einmal ein eigenständiger Herzrhythmus ein, der sich jedoch nicht stabilisieren ließ.

Beim Losfahren von diesem Ort habe ich das Bild vom Kopf eines Mannes vor mir, von dem etwas Schwarzes abblättert. Auf der Fahrt überkommt mich plötzlich eine große Traurigkeit. Ich spüre sogar einige Tränen herunterlaufen. Zu Hause bin ich zunächst unruhig und ziellos. Dann spiele ich auf der Gitarre das Lied ‚Knocking on heavens door'. Auf einmal weine ich hemmungslos und habe anschließend die visuellen Eindrücke von der leblosen Gestalt im Gras, die sich in Steine wandelt und schließlich im Himmel auflöst – ein tröstliches Gefühl. Anschließend höre ich Brahms' Requiem so intensiv, wie ich bisher selten Musik gehört habe. Tiefster Schmerz und gleichzeitig tröstliche Zuversicht durchströmen mich."

Dies ist schon eine ungewöhnliche Geschichte für einen Arzt, denn Ärzte werden ja nicht selten in solchen Situationen in Anspruch genommen, sie sind damit vertraut und übernehmen ihre Rolle ganz selbstverständlich wie hier, ohne zu fragen. So wird es auch von ihnen erwartet.

Warum also diese Ereigniskette, die sich so intensiv mit dem persönlichen Erleben des Arztes verbindet, die bereits am Morgen begann, als der Mann noch lebte, aber sein Totenlied offenbar schon gespielt, nur von ihm - wahrscheinlich - nicht gehört, aber an anderem Ort, eben im Inneren des Arztes, vernommen wurde, ohne dass er eine Ahnung davon hatte, was ihm auf dem Heimweg und am Abend begegnen würde. Wir wissen natürlich auch nichts darüber, was der jetzt Tote kurz vor seinem Tod erlebt, vielleicht geahnt hat. Für den Arzt war und ist es noch heute ein Erlebnis des Todes und seiner selbst von ganz besonderer Art. Es wirft nicht nur für ihn viele Fragen auf. Er hat schon viele Menschen sterben sehen, sie in den Tod begleitet und musste erkennen, dass seiner ärztlichen Kunst Grenzen gesetzt sind. Das ist für ihn also nichts Neues. Aber jetzt kommen neue Gesichtspunkte zu diesem zentralen Thema seines Berufes hinzu, die sein ärztliches Selbstverständnis wesentlich erweitern können und offenbar auch sollen, sonst hätte sich diese Synchronizität nicht ereignet. Er fragt sich: „Kann ich den Tod eines anderen Menschen ahnen? Warum erscheint diese Ahnung in musikalischer Form, ohne dass sie mir als Ahnung schon bewusst wäre?“ Was will „es“ dem erlebenden Arzt sagen? Und immer wieder die Frage: Wer arrangiert so etwas, wer weiß um diese Zusammenhänge, wie geht es vor sich? In unserem Weltbild ist dies noch nicht vorgesehen, was allerdings nichts besagt, denn im wissenschaftlichen Weltbild vergangener Jahrhunderte war auch vieles noch nicht bekannt, nicht einmal erahnt, was uns heute selbstverständlich ist. Die alten Auffassungen erscheinen uns fast lächerlich.

Ganz sicher hat dieses Erlebnis auch mit seinem Selbstverständnis als Arzt, mit seiner Arztrolle zu tun. Er hat lange darum gerungen, ob er sich ausschließlich der Psychotherapie zuwenden soll oder wenigstens zum Teil klinisch-stationär, internistisch oder hausärztlich tätig sein wollte oder sollte. Gibt es ein solches Sollen, vor dem wir in unserem Leben stehen und irgendwie nicht anders können, dem wir uns zur Verfügung stellen müssen, ob wir wollen oder nicht? Für ihn ist die Frage, ob Klinik oder eigene Praxis, inzwischen entschieden. Heute kann er diese Entscheidung, die auch wieder von hier nicht weiter zu schildernden Synchronizitäten begleitet war, rückblickend damit in Verbindung bringen. Damals sah er es noch nicht, höchstens die zu einer Kollegin gemachte Bemerkung über die Organmedizin wies ihn in diese Richtung seiner beruflichen Orientierung und Identität. Er findet den Mut, sich diese bewusst zu machen und hat jetzt außerdem einen weiteren Beweis, dass er sich auf seine Intuition verlassen kann.

Er nähert sich wieder einen Schritt seinem „wahren Selbst“ an. Solche Schritte sind immer mit einem Gefühl von Stimmigkeit verbunden, dem erfreulichen Eindruck, wieder etwas von sich gesehen und verstanden zu haben, das ihm bisher unbewusst war. Dann gilt es jedoch, das Neue in den Alltag des Handelns einzubauen.

Er „weiß“ mehr, als er eigentlich nach unseren rationalen Auffassungen wissen kann. Aber das geht vielen Menschen so, nur lassen sie sich dadurch eher verunsichern als bereichern. Er ist in dieser Hinsicht jetzt einen großen Schritt weitergekommen, dank seiner Aufmerksamkeit auf die Gleichzeitigkeiten und seiner Suche nach ihrem Sinn für ihn. Auch hier wurde wieder deutlich, wie Zeit schrumpft – am Morgen war der Abend schon da –, doch reicht unser menschliches Bewusstsein meist noch nicht so weit, dass wir das auch bemerken, und würden wir es bemerken, käme es uns recht komisch vor, es würde uns eher ängstigen als freuen. Solange wir mit dieser Erlebniswelt nicht vertraut sind und ganz normal mit ihr umgehen, reagieren wir eher mit Angst und wenden uns ab, als hätten wir davon nichts bemerkt. Es erscheint uns suspekt, kommt uns wie Telepathie vor – ein für die meisten Menschen faszinierendes und zugleich erschreckendes Phänomen. Das ist aber für diesen Arzt nicht mehr möglich, er muss die Frage, wer er als Arzt ist, neu beantworten und diese Hinweise in sein Selbstverständnis einbeziehen.

Es ist eine Chance und Aufgabe, sich noch einmal neu mit dieser großen Frage zu beschäftigen, die in seiner kommenden Praxis direkter auf ihn zukommen wird als in der psychosomatischen Klinik. So enthalten diese zusammengelaufenen Ereignisketten wichtige und reiche Informationen für ihn, mit denen er sich intensiv auseinander setzt. Dies alles ist für ihn mit dem Gefühl der Dankbarkeit verbunden, denn ohne diese Synchronizitäten wäre er um einiges ärmer.

Der Regenwurm in der Praxis

Wie kommt ein Regenwurm in die Praxis? Diese Frage stellte sich mir und einem Kollegen, als wir ihn in meinem Therapieraum sahen, in den er eigentlich gar nicht gekrochen sein konnte. Aber er war da. Wir besprachen gerade die Therapieverläufe von einigen Patienten meines Kollegen. Er berichtete gerade den Traum eines Patienten, in dem ein Regenwurm eine wichtige Rolle spielte. In genau diesem Augenblick sehe ich, wie sich unter der Tür des Praxisraumes ein dicker, langer, lebendiger Regenwurm hindurchgezwängt hatte. Zunächst beim nur flüchtigen Hinschauen dachten wir nicht an einen Wurm, eher an einen Ast. Denn so etwas war noch nie geschehen. Wir waren beide erstaunt und auch betroffen. Es war ausgeschlossen, dass jemand den Wurm mit seinen Schuhen hereingebracht hatte, aber er war da.

Es handelte sich also eindeutig um ein synchronistisches Geschehen. Der Wurm erschien genau in dem Moment, als von einem Regenwurm die Rede war.

Wie immer erscheint so etwas zunächst eher sinnlos, „ein bloßer Zufall" würde man sagen. Aber mein Kollege und ich dachten darüber anders und suchten nach sinnvollen Zusammenhängen.

Auf den Patienten, über den wir gerade sprachen, bezogen ergab sich, dass die Behandlung ins Stocken geraten war. Der Regenwurm könnte nun zeigen, was zu tun wäre, wenn man diese Situation verändern, die Stockung lockern und aufheben möchte. In der Natur sorgt er ja genau dafür: er lockert das Erdreich, und das besser, als der Spaten es tut, wie jeder Gärtner weiß. Aber man könnte noch weiter gehen und die Behandlungssituation und -strategie näher anschauen. In vielen analytischen Therapien fehlt das erdhafte Moment. Das kommt unter anderem darin zum Ausdruck, dass der Körper wenig oder gar nicht in die Behandlung einbezogen wird. Für meinen Kollegen und mich waren das wichtige Informationen, sie eröffneten uns Perspektiven, die wir zwar theoretisch kannten und bejahten, aber im therapeutischen Handeln bisher zu wenig berücksichtigt hatten. Es war an der Zeit, das zu verändern.

Der einzelne Mensch vermag es oft nicht, die Erfordernisse zu erkennen, welche die Zeit heute verlangt, denn er ist normalerweise kein Prophet, der die Zukunft sieht. Das braucht er auch nicht. Das prophetische Wissen kommt zu ihm, wenn es an der Zeit ist und wenn dadurch etwas Neues geschaffen wird, was für die Erweiterung des Bewusstseins erforderlich ist.

In diesem Fall hat es den Regenwurm „geschickt". Es hat damit für den Ausgleich gesorgt, denn offenbar war die Therapie in einer Einseitigkeit „festgefahren“ und musste wieder aufgelockert werden.

Synchronizitäten vermitteln hilfreiche Hinweise zur Erweiterung meines Rollen- und Selbstverständnisses, sie erweitern meinen Handlungsspielraum und zeigen auf, wo und wie er verändert werden könnte.

Zum Überdenken des Selbstverständnisses gehört manchmal auch die Frage nach der Religionszugehörigkeit. Die meisten Menschen werden in eine bestimmte Konfession hineingeboren, getauft oder auch nicht, ohne gefragt zu werden, weil sie es als kleine Kinder auch nicht entscheiden können. Doch später, wenn sie erwachsen und aufmerksam für ihr „wahres Selbst“ sind, kann diese Frage sich in ihr Leben drängen und sie vor die Entscheidung stellen: „Willst du weiter bei deiner Konfession bleiben, willst du sie verändern oder erweitern?“

Folgendes Erlebnis warf im Leben eines Mannes diese Frage auf.

Von Mutter Maria sanft an der Schulter berührt

Ein protestantischer Christ, der sich in seinem Leben kaum mit dem Katholizismus befasst hatte, entwickelte auf einmal - zu seinem großen Erstaunen - einen inneren Bezug zur Gottesmutter Maria. Wie das geschah, kann er selbst nicht sagen oder gar erklären. Es ist einfach so. Aber auch dieser neuen Neigung seiner Seele hatte er bisher kaum besondere Beachtung geschenkt, es einfach so hingenommen wie manches andere auch.

Er träumte nun eines Nachts, dass er von Maria, die als eine normale Frau erschien - er wusste dennoch, dass es Maria war -, von hinten ganz sanft und doch fest an der Schulter gefasst wurde. Es war, als würde sie ihn irgendwie halten und gleichzeitig in eine bestimmte Richtung führen oder schieben wollen, aber so leise, vorsichtig und sanft, dass es ihm nicht wie ein Drängen oder wie ein „Jetzt geh schon!" vorkam. Er spürte auch kein Bedürfnis, sich dagegen zu wehren. Es war ein sehr angenehmes Empfinden, das diese Berührung in ihm auslöste und ihn natürlich am Morgen an die beobachtete Neigung erinnerte, sich Maria irgendwie anzunähern. Wie, das wusste er nicht, aber es wurde ihm doch wichtig, und er wollte es nicht einfach länger mehr oder weniger beiseite schieben.

Dann geschah Folgendes: Am Abend besuchte seine Frau eine Freundin, und diese gab ihr ein kleines Büchlein von Rainer Maria Rilke für ihren Mann mit: „Das Marien-Leben". Sie hatten vor längerer Zeit einmal über katholische Religion diskutiert und auch über Maria gesprochen.

Dieses synchronistische Erlebnis berührte ihn tief und bewirkte, dass er Maria jetzt fest in sein Leben aufgenommen hat. Er bezieht sie in sein Morgengebet mit ein, auch wenn er dafür keine Vorbilder hat. Er denkt nicht allzuviel und schon gar nicht theologisch darüber nach, er tut einfach, was ihm sinnvoll erscheint. Sein Leben ist bereichert. Das spürt er im Unterschied zu vorher ganz deutlich, auch wenn er es nicht genau definieren kann.

Was kann ihm Besseres geschehen? Er hätte wohl von sich aus spontan nie einen katholischen Gottesdienst besucht. Wie hätte er mit dieser wichtigen Botschaft in Berührung kommen können? Wie hätte Maria ihn finden können, wenn nicht durch das innere Bild? Viele Menschen finden das, was sie suchen und brauchen, nicht mehr in der Kirche. Aber wie wir sehen, die Mutter Gottes ist einfach da, lässt sich finden, schaut nach uns. Sie ist tief in der Seele verankert, meldet sich, wenn wir darauf achten, hinschauen und hinhören.

Diese Gedanken und Folgerungen erscheinen vielleicht weit hergeholt. Wie kann man behaupten, dass die Mutter Gottes jemanden sucht? Für gläubige Menschen ist das keine Schwierigkeit, für andere schon. Es ist wichtig, seine gesunde Skepsis so lange zu behalten, bis ein entsprechendes Erlebnis eintritt, das den kritischen Verstand überzeugt.

In diesem Beispiel wird deutlich, dass manchmal Fragen, die das Leben an uns stellt, nicht immer drängend und in Form von problematischen oder unbefriedigenden Lebenssituationen auftauchen. Manches Mal, so wie hier, schleichen sie sich auch leise, wie flüsternd, in die Seele hinein. Es zeigt uns, dass wir nicht ängstlich Ausschau halten müssen, ob noch etwas fehlt. Das bringt uns nur in Stress. Wir können darauf vertrauen, dass die Seele weiß, was sie braucht, und im geeigneten Augenblick danach im „Meer" des Unbewussten fischt und uns in Form einer Synchronizität zur Verfügung stellt.

Synchronizitäten eröffnen oft weitreichende Perspektiven, die mein Selbstverständnis grundlegend verändern können und völlig neue, unerwartete Zusammenhänge herstellen.

Es ist immer alles da

Und es kommt genau zum richtigen Zeitpunkt, den das Ich-Bewusstsein des einzelnen Menschen jedoch meist nicht kennt. Manchmal meinen wir, „jetzt müsste etwas Bedeutsames geschehen!", und nichts geschieht. Dann kann der Betreffende sich traurig und enttäuscht vom Vertrauen auf das Unbewusste abwenden, mit Gott und dem Leben hadern. Dies ist aber nicht nur ein sehr unbefriedigender Gefühlszustand, es kann auch gefährlich werden. Wenn ich meine, ich wisse besser, was jetzt dran ist, als das absolute Wissen, dann bin ich in Gefahr, einer Hybris, einer Selbstüberheblichkeit, zu verfallen. Dann schaue ich nicht mehr vertrauensvoll auf die Zeichen, die das Unbewusste sendet, und verpasse möglicherweise eine wichtige Botschaft.

Doch in den allermeisten Fällen - das Leben lehrt es - wird auch dieser Mensch nicht im Stich gelassen. Die Grundschwingung des absoluten Bewusstseins ist immer da, unveränderlich, unvergänglich, niemand und nichts kann sie beeinflussen oder gar erschüttern. Für jeden Menschen wird gesorgt, auch wenn der Betreffende es nicht wahrnimmt, weil er vielleicht etwas anderes im Kopf hat.

Kein Grundwasser mehr

Ein Klient, Ende sechzig, arbeitete bis vor kurzem noch voll und mehr, als manche jüngere Menschen. Er missachtete erst die leisen, später auch die stärkeren Signale seines Körpers, er ließ Müdigkeit nicht zu, unterdrückte Kopfschmerzen mit Tabletten und nahm die zunehmenden Unregelmäßigkeiten seines Kreislaufsystems nicht zur Kenntnis. Schließlich fühlte er sich völlig erschöpft. Das alte chinesische Weisheits- und Orakelbuch „I-Ching", das er öfter befragte, gab ihm mit dem Zeichen „Die Erschöpfung" einen ernsten Hinweis, den er jetzt endlich annahm. Leider aber erst in einem Zustand, in dem er wirklich nicht mehr weiterkonnte. Er ist erschöpft, es ist kein Wasser mehr im Brunnen, sagt das „I-Ching". Und dann hatte er eines Morgens beim Aufwachen folgendes inneres Bild:

Er sah vor sich ein großes Bassin und wusste, „das ist mein Grundwasser-Bassin". Es war fast leer. Das Grundwasser war ausgeschöpft, es war kaum noch etwas da. Dieses Bild können wir ohne weiteres in ein Bild für die Lebensenergie umsetzen. Wasser ist ein wunderbares Symbol für die lebenserhaltende Kraft, ohne Wasser ist Leben nicht möglich. Große Dürreperioden in der Natur zeigen, welche Not entsteht, wenn es nicht mehr regnet. So ist es ebenfalls, wenn in uns kein Wasser des Lebens mehr zufließt. Es geht um Blockaden und Hindernisse in uns, die uns vom Leben abschneiden, für die wir aber selbst verantwortlich sind. Wie in der Natur, so ist es auch mit unserer inneren Kraft. Oftmals treiben wir rücksichtslos Raubbau mit ihr.

Wir arbeiteten einige Sitzungen an dem Grundwasser-Thema, und dann erinnerte er sich, dass er vor einigen Jahren einen Traum hatte, der in die gleiche Richtung wies, ihm eigentlich schon damals ein eindeutiges Signal vermittelte, ein Signal aus seiner um seinen Weg und seinen Zustand wissenden Seele, seinem inneren Wissen.

Er träumte: Der König der Karpfen, ein wunderbarer großer Fisch mit goldener Krone, lag auf einem gerundeten Felsen im Wasser, aber das Wasser war schon so weit abgesunken, dass er es nicht mehr erreichte. Er bewegte sich nur noch langsam, wie mit seiner letzten Kraft, aber es gelang ihm nicht mehr, in sein Lebenselement zurückzukommen. Er war auf die Hilfe des Träumers angewiesen. Im Traum blieb es unklar, ob er sie vom Träumer erhielt.

Das Bild war eindeutig, und er hatte es auch verstanden. Er war darüber zwar erschrocken, doch wie seine jetzige Erschöpfung zeigte, hat er damals nichts unternommen, es blieb alles beim Alten, er spurte weiter in derselben Rille, änderte nichts. Denn nur er hätte sein Leben verändern können, wer sonst? Aber er lief weiter, zwar noch nicht bis zum bitteren Ende, aber bis zum Ende seiner Kraft. Und da half es auch nicht, dass er später träumte, in allen vier Reifen seines Autos sei keine Luft mehr. Er war also schon damals, vor einigen Jahren, „völlig auf den Felgen“.

Auch hier stellt sich wieder die Frage: Warum lassen wir es oft so weit kommen – bis zur völligen Erschöpfung? Das ist ein destruktives Muster in uns, so als dürften wir erst ausruhen, wenn wir wirklich nicht mehr können. Es ist, als brauchen wir die Erschöpfung oder die Krankheit als Alibi zum Ausruhen, zum Langsamtun. Vor wem eigentlich?

Für viele Menschen geht dieses destruktive Programm so weit, dass sie sich nach der „ewigen Ruhe", dem Tod, sehnen. Oder sie sagen: „einfach nur schlafen, einmal nur noch schlafen – kann man keine Schlafkur machen – davon habe ich doch schon einmal gehört". Die wissende Instanz in uns weiß, was nötig ist, sendet dem Ich und dem Bewusstsein klare Signale. Diese müssen allerdings in das Bewusstsein aufgenommen, müssen gehört und verstanden werden. Vor allem gilt es, unsere Handlungsmuster, „lieb" gewordene und selbstverständliche Gewohnheiten entsprechend zu verändern, oft auch ganz neu und von vorne anzufangen.

Leider sieht es jedoch oft so aus, als sei Erschöpfung der einzige Zustand, auf den wir zusteuern können, als gäbe es keine Alternative. Das kann dann bis hin zu Selbstmordphantasien gehen . . . „dann mache ich eben Schluss". Schluss womit? Hier wird das Aufhören mit der bisherigen Lebensform mit dem Beenden des Lebens überhaupt verwechselt. Doch das ist das große Missverständnis, denn in uns ist alles da, was wir für ein gelingendes, gutes, glückliches und sinnvolles Leben brauchen. Es ist möglich, sich mit Erfolg immer wieder die Frage nach dem Sinn zu stellen. Sie führt weiter und aus Sackgassen heraus. Synchronizitäten sind hilfreiche Wegweiser – wenn wir sie beachten. Über sie sendet uns das Unbewusste, das „große Wissen" oder wie immer wir es nennen wollen, wertvolle Hinweise, es zeigt das, was vernachlässigt wurde, was fehlt. Es ist für uns da, sieht, was im Ungleichgewicht ist, „kümmert" sich darum, dass ein Ausgleich geschaffen, das Gleichgewicht wiederhergestellt werden kann. Doch wir müssen es auch beachten. Denn es kann uns nicht zwingen, das Gute für uns zu tun. Wenn wir uneinsichtig, „bockig" sind, wenn wir nur vom Ich-Bewusstsein her meinen, schon zu wissen, was richtig ist, dann kann es nichts machen. Vielleicht - wenn man es sich einmal als fühlende Person vorstellt - „schaut es traurig zu", wie jemand sich zugrunde richtet. Dem Menschen ist ein freier Wille gegeben, er selbst muss schlussendlich entscheiden, was er tut.

Synchronizitäten sind hilfreiche und zeitgenaue, persönlich auf mich abgestimmte Wegweiser in belastenden Situationen – doch ob ich sie beachte, liegt in meiner Selbstverantwortung.

2. Kapitel
Erfahrungen im Alltag

Es gibt so viele faszinierende Ideen in unseren Köpfen, aber bewähren sie sich im alltäglichen Leben? Sind sie hilfreich zur Bewältigung der Aufgaben, die wir nun einmal erledigen müssen? Von den Synchronizitäten lässt sich das ohne Schwierigkeiten feststellen. Im Folgenden können wir natürlich nur einen Bruchteil der Möglichkeiten beschreiben, wie sie sich im alltäglichen Leben darstellen und verwirklichen, aber sie sollen zum Sammeln eigener Erfahrungen anregen und neugierig machen. Dabei wird es immer darauf ankommen, ganz bei sich zu bleiben, den eigenen Erlebnisraum zunächst nicht zu überschreiten und den vielleicht „kleinen" persönlichen Sinn zu registrieren, der anderen Personen möglicherweise gar nicht ohne weiteres einleuchtet und nicht erwähnenswert scheint. Ich bin und bleibe die Architektin, der Architekt meines Lebens, meines Alltags und seines Sinnes, der mir weiter hilft und mich ermutigt. Ein kleines Beispiel mag dies verdeutlichen.

Die Schachtel Pralinen

In schwierigen Situationen kommen sich manchmal Menschen näher, die bislang – auch in einer Familie – weniger miteinander zu tun hatten oder zu tun haben wollten. Einige stehen sich näher als andere, bis sich die äußeren Lebensumstände so verändern, dass die Beteiligten einander in einem neuen Zusammenhang, einem neuen Licht erscheinen, sich plötzlich brauchen und dabei auch Wesenszüge der anderen sehen, die sie bisher nicht sahen, nicht sehen wollten oder die auch noch gar nicht in Erscheinung getreten waren. Wir sind dann oft sogar über uns selbst erstaunt, dass wir uns plötzlich ganz anders verhalten und „über unseren Schatten springen" können. Wir werden buchstäblich herausgefordert, Neues tritt aus uns heraus. Das war der persönliche Hintergrund einer netten kleinen Synchronizität, die sich erst im Nachhinein als solche herausstellte.

Die Frau, die sie erlebte, hatte bislang ein eher lockeres Verhältnis zu ihrer Schwägerin. Mit ihrem Bruder ist sie von Kindheit an nahe verbunden, seine Frau war innerlich für sie jedoch nie so recht zur Familie gehörend. Da hatte sie eines Tages plötzlich die Idee, in einer Konfiserie eine Schachtel Pralinen zu kaufen und sie der Schwägerin zu schicken. Sie war über den Einfall zwar erstaunt, ging ihm aber nach und besorgte die Süßigkeiten. Sie hat sich ohnehin angewöhnt, solche Einfälle ernst zu nehmen und schon viele positive Erfahrungen mit dieser Einstellung gemacht. So war es auch diesmal. Am Abend rief die Schwägerin an, bedankte sich herzlich - sie hatte die Pralinen natürlich nicht erwartet - und war sichtlich erfreut über die Geste der Zuneigung. Bei dem Telefongespräch erzählte sie dann, dass sie gerade am Nachmittag dieses Tages so großen Appetit auf Pralinen hatte, im Hause aber keine fand und sich mit einem Eis begnügte. Der Zeitvergleich ergab, dass sie gerade ihr Eis zu dem Zeitpunkt aus dem Kühlschrank holte, als die Schwägerin die Pralinen kaufte, damit also völlig synchron war.

Diese Synchronizität, die am Abend des Tages festgestellt wurde, war für die Frau eine schöne Bestätigung. Einmal dafür, dass es sich wieder gelohnt hatte, auf die innere Stimme zu hören und die Pralinen zu kaufen, und zum anderen, dass damit eine bislang eher verschlossene Tür aufgegangen war, zum Nutzen aller Beteiligten. Es ist für eine Frau nicht leicht, die intensive Nähe einer Bruder-Schwester-Beziehung Tag für Tag zu erleben und mit den eigenen, damit verbundenen Ängsten oder der Eifersucht fertig zu werden. Für die Zukunft ist es eine gute Voraussetzung, dass alle drei miteinander verbunden sind, wenn auch je auf andere Weise und mit guten Gefühlen.

Eine Postkarte führt weiter

In einem Hotel in Ägypten hing im Zimmer ein Katzenbild von Rosina Wachtmeister, von dem die Frau, die uns die Begebenheit berichtete, sofort sehr angetan war. Sie hoffte, dieses oder ein anderes Bild der Künstlerin später irgendwo zu finden und zu kaufen. Als sie einige Tage später nach Hause kam, lag eine Bildpostkarte in ihrem Briefkasten – mit einem Bild von Rosina Wachtmeister. Noch nie hatte sie solch eine Postkarte bekommen. Dann stellte sich auch noch heraus, dass die befreundete Schreiberin zwischen zwei Karten gewählt hatte, die andere war nun genau das Katzenbild aus dem Hotelzimmer.

Im Gespräch wurde deutlich, dass auch dieses kleine Erlebnis einen Sinn für die Frau hat, der es zugefallen war. Schon im Hotelzimmer hatte sie das Katzenbild immer wieder angeschaut, denn es löste etwas Bestimmtes in ihr aus: „So eine Art verschmitzte Heiterkeit", sagte sie. Als sie dann im Briefkasten die Postkarte fand, wurde ihr vollends klar, dass sie sich mit dieser Seite in ihr, die mit der Ausdrucksweise von Rosina Wachtmeister korrespondiert, noch weiter beschäftigen möchte.

Diese Synchronizität regte also die Beschäftigung mit sich selbst im Sinne der Erweiterung ihrer Persönlichkeit an. Die verschmitzte Heiterkeit in ihr möchte zum Leben erweckt werden.

 Synchronizitäten können auch das Unscheinbare, wenig Auffallende zum sinnvollen Erleben machen, sie bereichern den Alltag immer.

Die „Patientenverfügung" mit der Schwiegermutter

Das folgende Erlebnis aus dem Alltag einer Ärztin zeigt, dass Synchronizitäten eigentlich „an der Tagesordnung" sind. Es kommt nur darauf an, sie wahrzunehmen und ihren Sinn, ihre Aufgabe zu entschlüsseln.

Eine Ärztin hatte ihrer 92-jährigen Schwiegermutter zu deren Geburtstag zehn stärkende Infusionen geschenkt und sich dabei vorgenommen, mit ihr die schon länger von ihr vorgesehene „Patientenverfügung" fertig zu machen. Bei so einer „Patientenverfügung" geht es darum, dass die Betroffene erklärt, in welchem Umfang sie, z. B. im Falle eines langen Komas oder anderer schwieriger Krankheitssituationen, an entsprechende lebensverlängernde Apparate angeschlossen werden und bleiben will. Wenn keine solche Verfügung vorliegt, können die Angehörigen nicht – z. B. nach etwa drei Monaten – erklären, dass die Apparate abgeschaltet werden sollen. Seitens der dann behandelnden Ärzte wird das strikt abgelehnt, es bleibt somit eine völlig offene Situation.

Die Ärztin hatte ein entsprechendes Formular aus ihrer Praxis mitgebracht, aber es war für sie schon eine etwas komische Situation, dieses mit ihrer Schwiegermutter auszufüllen, zumal es nicht geplant oder abgesprochen war. Schließlich war sie keine Patientin, die sie darum gebeten hatte, wie es in ihrer Praxis öfters vorkommt. Und welche Schwiegertochter spricht schon ohne inneres Zögern mit der Mutter ihres Mannes von deren Tod. Sie überlegte hin und her, was und wie sie es anfangen und sagen wollte.

Dass es eine gute Sache war im Interesse der Mutter, davon war sie auf Grund vielfacher Erfahrung völlig überzeugt, auch dass es an der Zeit war.

Zu ihrem großen Erstaunen jedoch hatte die Mutter, als die Schwiegertochter zu ihr kam, nicht nur eine solche Vereinbarung vor sich liegen, sondern auch noch genau das gleiche Formular – es gibt davon verschiedene Arten –, das die Schwiegertochter mitgebracht hatte. Beide waren sehr erstaunt und mussten laut miteinander lachen. Vorher war von dieser Sache zwar gelegentlich gesprochen worden, aber ausgemacht war nichts. Die Schwiegertochter wusste auch nicht, dass sich ihre Schwiegermutter jetzt mit dieser Frage beschäftigte, geschweige denn, dass sie sich schon ein entsprechendes Exemplar besorgt hatte. Auf Grund dieser Synchronizität war die ganze Angelegenheit plötzlich für beide Frauen etwas völlig Natürliches und konnte ohne Schwierigkeiten miteinander besprochen und gut geregelt werden.

Für die Frau bedeutete diese Synchronizität darüber hinaus, dass sie bestärkt darin wurde, ihrer Intuition zu vertrauen. Gerade bei ihrer Tätigkeit als Ärztin für Allgemeinmedizin ist das sehr wichtig, denn es gibt ihr und ihren Patienten Sicherheit.

Synchronizitäten gehören in den Alltag und in das Berufsleben.

„Schwiegermutter“ und „New York“

Diese zwei kleinen Synchronizitäten erzählen wir, weil sie kaum der Rede wert scheinen. Leicht kann man über solche kleinen Gleichzeitigkeiten schnell hinweggehen, sie gar nicht bemerken. Doch wenn man sie wahrnimmt und sich ein wenig Zeit gönnt, über sie etwas nachzu„sinnen“, um . . . ja, was? Um vielleicht wieder ein bisschen mehr Bewusstsein aufzubauen für das, was ohne unser Zutun geschieht, was auftaucht, ohne dass wir es verursachen.

Nachdem wir die Geschichte der „Patientenverfügung mit der Schwiegermutter" geschrieben hatten, sahen wir am Abend im Fernsehen einen Film mit dem Titel „Die Schwiegermutter". Die Titelheldin übernahm darin die Pflege ihrer im Wachkoma liegenden Schwiegertochter.

Bei der „Patientenverfügung" geht es unter anderem ja auch um die Frage, was im Falle eines Komas verfügt wird.

Die Gleichzeitigkeit bestand also darin, dass am selben Tag zweimal in unser Bewusstsein eine Schwiegermutter und ein Koma auftauchen – wenn auch in anderen Zusammenhängen. Nun haben wir beide keine Schwiegermutter mehr. Wir nahmen jedoch diese Gleichzeitigkeit zum Anlass, uns noch einmal gemeinsam mit unseren Müttern bzw. Schwiegermüttern und auch mit der Tatsache, selbst Schwiegermutter zu sein, zu beschäftigen. Was dem Beziehungsgefüge, in dem wir leben bzw. aus dem wir stammen, neue, sinnvolle Inhalte zufügte. Außerdem ist uns bewusst geworden, dass es beruhigend ist, selbst so eine „Patientenverfügung" abzuschließen.

Die zweite kleine Gleichzeitigkeits-Geschichte hatte wiederum mit einem Fernsehfilm zu tun. Dieser Film spielte überwiegend in New York, die entsprechenden Szenen vermittelten einen starken Eindruck dieser vor Energie vibrierenden Stadt. Kurz davor erzählte einer unserer Klienten in einer Analysenstunde genau von so einem starken Eindruck, den er vor einigen Tagen bei einer Reise nach New York erlebt hatte.

Zweimal New York an einem Abend – einmal erzählt und gehört, einmal gespielt und gesehen – auch das passiert nicht alle Tage.

Und es kam ein drittes Mal hinzu: Am selben Tag war in der

„Stuttgarter Zeitung" ein Artikel über Hillary Clinton bezüglich ihrer Chancen, Senatorin von New York zu werden.

Wo mag der Sinn darin liegen? Zum einen ist in uns wieder der Wunsch geweckt worden, diese Stadt nun endlich einmal kennen zu lernen. Doch darin mag noch nichts Sinnvolles stecken. Zum anderen – und hier erschließt sich für uns der Sinn schon eher – wurde uns deutlich, wo sich die Energie zur Zeit bündelt, wo das Bewusstsein heute kreativ ist, sich in Menschen mit neuen, ungewöhnlichen Ideen erweitert.

Synchronizitäten sind hilfreiche, ermutigende Begleiter im Alltag, sie erhellen und bereichern ihn und liefern wichtige Informationen zu seiner Bewältigung.

3. Kapitel
Die Welt wird transparent

Jeder dieser Zeitmomente, der Synchronizitäten, die wir hier beschreiben, hat zunächst ausschließlich mit dem Einzelnen zu tun. Dies jedoch in einem besonderen Sinn: es wird immer eine Beziehung hergestellt, eine Beziehung zwischen der erlebenden Person und dem wie auch immer zu definierenden „Außen". Durch diesen Außeneinfluss, so müssen wir es nennen, werden mir neue Informationen über mich selbst vermittelt, ich sehe mich wie in einem Spiegel, aber mit einem neuen Gewand oder Gesicht, zu meinem eigenen Erstaunen. So hatte ich mich bisher noch nicht gesehen. Oder ich werde wieder an schon fast vergessene Bilder und Vorstellungen von mir selbst erinnert, die mir einmal wichtig waren und mir halfen, mich damals besser zu verstehen. Das kann konkrete Vorstellungen zu meiner Person ebenso betreffen wie weitreichende Ideen zu meiner geistigen oder religiösen Entwicklung. Mir werden Angebote zur Erweiterung oder Erneuerung meines Selbstverständnisses und Weltbildes gemacht, mir wird eine Chance geboten, mein Bewusstseinsfeld zu erweitern. Und das Besondere, ja Faszinierende dabei: gerade jetzt, gerade so und ganz persönlich auf mich bezogen. Fast könnte man sagen, niemand sonst bezieht sich so exakt auf mein Leben wie der Sinn in diesem Zeitmoment. Ist es doch die Ewigkeit, in der „alles schon da ist", die hier durch den Türspalt schaut, die Zeitlosigkeit des Unbewussten sich für Augenblicke öffnet. Und die Welt wird transparent.

Folgendes Erlebnis schildert keine Synchronizität im eigentlichen Sinne. Dennoch zeigt es, dass manchmal auch gewisse Orte eine Bewusstseinserweiterung, eine Transparenz für das Ganze, herbeiführen können. Insofern wirken sie wie eine Synchronizität. Wir wollen damit verständlich machen, dass der Geist ständig „tätig" ist, dass manche Orte – oft sind es Landschaften, die wenig besiedelt sind, wo sich nur wenige Menschen aufhalten, wie zum Beispiel Wüsten – sozusagen Botschaften enthalten, die wir dort „abholen" können – wenn wir offen dafür sind.

Hiermit sei noch einmal an die bereitwillige Aufmerksamkeit, Wachheit und Offenheit für den absoluten Bewusstseinsgrund appelliert. Nur dadurch können wir der „Erleuchtung" näher kommen.

Der Flug von Eilat nach Tel Aviv

„Eine wunderbare Reise nach Israel ging ihrem Ende entgegen. Der vorletzte Tag war einem Besuch des Katharinenklosters gewidmet. Die Fahrt durch die Wüste Sinai leitete einen sehr eigenartigen Bewusstseinszustand ein, der als irgendwie ‚außerhalb der Zeit seiend' bezeichnet werden kann.

Der Tag in der Wüste war von intensiver Klarheit, ein wolkenloser, tiefblauer Himmel überspannte uns, die Januarsonne reichte allerdings nicht aus, um den eiskalten Wind wenigstens einigermaßen zu erwärmen. Doch es war eine ‚gute' Kälte, eine, die erfrischend wirkte wie sprudelndes Thermalwasser, die alle Sinne vibrieren ließ.

Dann, am letzten Reisetag, der Flug von Eilat nach Tel Aviv:

Die Maschine steigt in diesen tiefblauen Himmel. Alles scheint auf einmal ganz leicht zu werden, ein nie vorher erlebtes leichtes, leises Schweben ist in mir, wird immer leichter, schwereloser, und im Kopf ist es ganz still. Es ist wie ‚heimkommen'. Das Wissen um die wahre Heimat ist auf einmal umfassend und vollständig, durch und durch spürbar, einfach gewiss. ‚Einfach' ist das passende Wort für dieses Erlebnis. Alles ist in Einem da, beieinander, nicht mehr getrennt, vereint und - vor allem - in Frieden. Es ist, als gibt es nur noch ein einziges, großes, alles durchdringendes ‚Lächeln', als bestünde der gesamte Kosmos mit allem, was er enthält und ohne Unterlass hervorbringt, aus einem einzigen hellen, freundlichen Lächeln."

Der Bewusstseinszustand, der sich in der Wüste Sinai so mühelos, wie von selbst, eingestellt hatte, ließ einen Teil des überpersönlichen Selbst, des absoluten Bewusstseinsgrundes, in das persönliche Bewusstsein dieser Frau hineinfließen. Wenn das persönliche Bewusstsein sich öffnet - hier durch die Energie der Wüste Sinai ausgelöst, - kann die Schwingung des absoluten Bewusstseinsgrundes sich mit der Schwingung des persönlichen Bewusstseins verbinden und damit den Glückszustand auslösen, den diese Frau erlebt und beschrieben hat.

Synchronizitäten verbinden mein ganz persönliches Leben mit der Welt im weitesten Sinn und sind, gemessen am heute meist noch vertretenen Weltbild, ein Wunder, aber sicher nicht mehr lange.

Als Notarzt unterwegs

Neue und erweiterte Perspektiven können sich auf alle Lebensgebiete beziehen, wie das folgende Beispiel aus dem Berufsleben zeigt.

Ein Arzt berichtet eine Synchronizität, die ihn zunächst erschreckte, doch dann eine neue Sicherheit für sein ärztliches

Handeln vermittelte. Er hatte seinen Notarztkurs absolviert und träumte zwei Wochen danach folgende Träume:

1. „Ein älterer Mann stirbt, und ich bin dabei."
2. „Ich bin bei einer Reanimation und muss einen Mann intubieren. (Bei der Intubation wird ein Luftschlauch in die Kehle eingeführt.) Ich stelle mit dem Laryngoskop seine Kehlkopföffnung so ein, dass ich sie gut sehen kann. Dann schiebe ich das Tubusrohr hinein."

Er berichtet weiter:

„Am nächsten Morgen, einem Sonntag, ich bin alleine, weil meine Frau noch arbeitet. Ich habe den Einfall, dass ich mir meine Notizen aus dem Notarztkurs über die Herz-Kreislauf-Wiederbelebung noch einmal durchlesen könnte. Ich befinde mich in einem eigenartigen, leichten Erregungszustand, den ich mir aber nicht so recht erklären kann. Ich führe ihn darauf zurück, dass ich demnächst alleine als Notarzt unterwegs sein werde. Gegen Mittag kommt meine Frau nach Hause. Sie ruft schon von der Haustür aus, dass ich schnell kommen solle. Auf der Straße rennt eine Frau aufgeregt hin und her. Zwei Häuser weiter liegt ihr Mann, ca. 70 Jahre alt, leblos auf dem Boden. Ich zeige der Frau, wie man eine Herzdruckmassage macht, und fange selbst mit einer Mund-zu-Nase-Beatmung an. Es ist die erste Reanimation, in der ich selbst die Verantwortung trage. Kurz darauf kommt der Rettungswagen mit den Sanitätern. Ich führe das Laryngoskop ein, sehe die Kehlkopföffnung und schiebe den Tubus hinein. Ich veranlasse die weiteren Schritte, und die Reanimation nimmt ihren routinemäßigen Ablauf, aber der Mann lässt sich nicht wiederbeleben. Als schließlich die Notärztin eintrifft, beschließen wir nach kurzer Zeit, aufzuhören. Der Mann ist tot.

Erst einige Stunden später fallen mir die Traumszenen der

vergangenen Nacht wieder ein. Ich erschrecke und staune zugleich."

Die Synchronizität zwischen innerer und äußerer Wirklichkeit – dem Traum und dem Mann auf der Straße – versetzten den Mann erst einmal in Erschrecken und Staunen. Das passiert Menschen oft, wenn sich das Unbewusste so direkt in ihr Leben einschaltet, wenn es sich in so einer unmissverständlichen Weise offenbart.

Doch nachdem er einige Zeit über dieses Erlebnis nachgedacht hatte, fühlte er Vertrauen und Freude in sich aufsteigen. Er spürt, er muss nicht allein als Notarzt unterwegs sein, er wird begleitet vom „großen Wissen". Was kann ihm Besseres geboten werden? Er wird immer sicherer in seinem Selbstverständnis als Arzt – auch und gerade in akuten Notsituationen.

Nachdem er alles, was er für sein berufliches Handeln braucht, gründlich gelernt, sich ein exaktes medizinisches Wissen angeeignet hat, braucht er jetzt nur noch eines: Offenheit für die Stimme aus dem Unbewussten. Er wird auf Grund dieser Erfahrung lernen, gerade in schwierigen Situationen kühlen Kopf zu bewahren, sich gleichzeitig auf das äußere Handeln und die innere Stimme zu konzentrieren. Er wird lernen, im Kopf still zu werden und zu lauschen nach innen. Er wird somit auf die Hinweise aufmerksam, die ihm das „große Wissen" zur Verfügung stellt. Er weiß jetzt, dieses Wissen ist allgegenwärtig, es ist für jeden von uns jederzeit zugänglich.

Es geht also darum, gewissenhaft seine Arbeit zu tun und das Unbewusste als Assistenten zu akzeptieren.

Synchronizitäten können weite Polaritäten umspannen und zu einem sinnvollen Ganzen zusammenfügen, dabei immer bezogen auf die aktuelle Lebenssituation. Selbst Leben und Tod werden gleichzeitig in Verbindung gebracht.

Bachs „Goldberg-Variationen", gespielt von Glenn Gould

Mehr „zufällig" entnahm ein Freund, der uns dieses Erlebnis erzählte, seinem CD- Regal diese Einspielung und war sofort fasziniert. Er hatte sie zwar irgendwann schon einmal gehört, doch erinnerte er sich kaum, und sie bedeuteten ihm nichts weiter. Diese Klaviermusik führte ihn jetzt aber genau dorthin, wohin er offenbar zunächst noch ganz unbewusst wollte. Er spürte einfach, dass er der Musik überhaupt in seinem Leben mehr Raum geben „musste". Und hier schreiben wir ganz bewusst „musste", denn es gibt dieses innere Muss als sehr deutliches Signal. Ich weiß dann einfach, dass ich dieses oder jenes tun, sagen, schreiben oder hören muss, ohne mir recht erklären zu können, warum. Entscheidend ist dann, dass ich hinhöre und gehorche, so streng muss man das schon sagen. Die Rolle des Ichs gegenüber der wissenden und überlegenen inneren Instanz, die man mit C. G. Jung das Selbst nennt, ist nicht nur die des Hinhörens, sondern auch die des Gehorchens der inneren Stimme und des entsprechenden Handelns. Das Ich ist der Ort der persönlichen Verantwortung mir selbst, meinem Leben gegenüber.

Das also tat der Freund, er hörte die „Goldberg-Variationen", die er allerdings „rein zufällig" herausgegriffen hatte, jetzt immer wieder, gespielt von Glenn Gould. Von dem weltberühmten Pianisten wusste er gerade den Namen, er hatte sonst noch keine Berührung mit dessen Interpretationen. Dass er die „Goldberg-Variationen" aus dem Regal genommen hatte, schien ihm jetzt wie selbstverständlich und vor allem notwendig. Die Musikerlebnisse wurden für ihn Glückserlebnisse, sie stärkten seine positive Grundstimmung und seinen Optimismus dem Leben gegenüber. Hinzu kam noch, dass er sich in den Melodien und ihren Variationen wiedererkannte. Er hatte plötzlich den Eindruck, dass er sich selbst als Melodie hörte, etwas völlig Neues für ihn. Das war für ihn zumindest ein ganz außergewöhnliches und neues Erlebnis.

Und dann las er eines Tages, nachdem er seine Melodie wieder gehört hatte, Folgendes in seiner Zeitung, die täglich eine kurze Notiz unter der Rubrik „Play Bach“ brachte. Er las diese Rubrik auch nur gelegentlich, jedenfalls nicht systematisch nach ihr suchend. Dort stand über Glenn Gould unter der Überschrift „Schlachthaus“ Folgendes geschrieben:

„... Und doch hat Glenn Gould sogar Filmmusik geschrieben beziehungsweise ausgesucht, Bach, selbstverständlich unter anderen, für ‚Slaughterhouse Five‘ gedreht nach dem Roman von Kurt Vonnegut... Schönheit trifft auf Zerstörung. Gould spielt zuerst das Largo aus dem fünften Klavierkonzert in f-moll und später die fündundzwanzigste ‚Goldberg-Variation‘. Dazu sieht man den Zweiten Weltkrieg auf der Leinwand. Eine Stadt brennt. Dresden ist eine einzige Flamme. Bach und die Bombe. Es gibt so leicht nichts, was weniger zusammenpasst.“

Diese Beschreibung traf mitten in ein für ihn zentrales Thema: die unerträgliche Spannung zwischen Gut und Böse oder, neutraler gesagt, zwischen Hell und Dunkel. Die Verbindung seiner Identität mit dieser Frage über die Musik. Einfach eine phantastische Lösung und Verknüpfung. Wie könnte es besser ausgedrückt werden ohne viele Worte? Kann man es klarer sagen und dem Erlebenden anbieten? Aber wiederum: wer bietet an, was ist das für ein wunderbares und zuverlässiges Wissen in uns, das solche Verbindungen herstellt und in Bild und Ton bringt? Alles, was wir zu tun brauchen ist, unsere Beobachtung zu erweitern und zu schärfen, einfach aufmerksam zu sein. Da ist sie plötzlich da, unsere helle und dunkle Welt. Es ist, wie es ist – sie ist, wie sie ist. Was es nun im Einzelnen heißt, dass für diesen Mann mit solcher Wucht die dunkle Seite der Welt nur allzu deutlich wird, ist sicher ein längerer Erkenntnisprozess, bei dem es noch nicht klar ist, wohin „es" ihn führen will und wird, wenn er sich führen lässt. Und dazu ist er jetzt bereit. Wie könnte er auch anders, wenn er angesichts dieser Bilder und Zeitmomente nicht blind sein will. Fast möchte man sagen, zu allem Überfluss erscheinen die „Goldberg-Variationen" hier wieder, sie werden neu und anders eingeordnet. Sie bleiben, was sie sind, auch in seinem Erleben, aber sie bekommen ein anderes Relief. Er hätte es jedenfalls nicht erwartet, sie nach seinem Erleben und seiner Kenntnis von Bach in diesem Zusammenhang und ganz persönlich auf ihn bezogen wiederzufinden.

In dieser Synchronizität vereinen sich also nicht nur Materie und Geist - CD und Zeitungsnotiz -, sondern auch Schönheit und Zerstörung - Bachs Musik und das Schlachthaus des Krieges. Der Sinn liegt hier ganz eindeutig darin, das Gegensätzliche zusammenzusehen, es zu verbinden zu dem einen Ganzen, aus dem sie hervorgegangen sind.

Das fällt den meisten Menschen sehr schwer. Vor allem der Mann, dem es mit diesem Erlebnis bewusst geworden ist, hat große Schwierigkeiten mit dem Annehmen der dunklen Seite des Lebens. Auch wenn er intellektuell weiß, dass hell und dunkel zusammengehören, dass wir die Helle nicht erkennen können, wenn es die Dunkelheit nicht gäbe, weigert sich sein Gefühl, das zusammen auszuhalten. Er möchte die Welt gerne freundlich und friedlich sehen, möchte sich mit Schönem umgeben und erschrickt, wenn er auf Hässliches, Abstoßendes trifft.

Mit diesem Beispiel wird deutlich, dass Synchronizitäten offenbar nicht nur die Aufgabe haben, den betreffenden Menschen, dem sie sich zeigen, Freude zu machen, ihn zu amüsieren, ihm zu gefallen, ihn zu ermutigen, wichtige Informationen für die augenblickliche Lebenssituation bereitzustellen. Dies alles auch, wir dürfen uns freuen über sie, erstaunt und belustigt sein, sie können uns erheitern und auch für den Augenblick stärken. Alles das ist ganz wunderbar. So wie die Musik von Bach.

Aber das genügt nicht. Die Erleuchtung können wir nicht erlangen, wenn wir in einer Einseitigkeit befangen bleiben, wenn wir uns vormachen, es gäbe nur die eine Seite des Lebens, nur die schöne, helle, freundliche.

Die Ganzheit besteht aus allem. Doch wir Menschen leben in der Dualität, in der Gegensätzlichkeit, und deshalb fällt es uns so schwer, das Ganze zu sehen, es auszuhalten, dass das Gute das Böse im „Schlepptau" mit sich führt. Doch nur im Halten, im Aushalten der gegensätzlichen Energien fließt uns das Wissen aus der Gesamtheit der Psyche zu. Nur so nähern wir uns der Erleuchtung. Eine Ahnung von ihr erhalten wir, wenn die Welt transparent wird, wenn wir hindurchzuschauen vermögen. Dazu helfen uns die Synchronizitäten, so wie die eben geschilderte.

Synchronizitäten sind wirklich Freunde, die im stillstehenden Zeitmoment zu mir kommen mit einer Botschaft, die sich aus den Bausteinen meiner Gegenwart, meiner aktuellen Lebenssituation und den dazu jetzt notwendigen Ergänzungen, die ich nicht kenne, aber zum Leben gerade jetzt brauche, zusammensetzen. Sie sind ein sinnvolles Ganzes des Jetzt, dessen Informationswert ich – fast – immer entschlüsseln kann.

4. Kapitel
Hoffnung und Freundschaft

Manchmal tut es einfach gut, im Alltag einen kleinen Lichtblick zu erhalten, auch wenn man nicht gerade verzweifelt ist. Es gibt doch oftmals ungelöste Fragen oder Probleme, die wir mit uns herumtragen und für die wir im Augenblick keine befriedigende Lösung sehen. Wir mögen auch nicht weiter darüber reden, so wichtig ist es wieder nicht, aber wir beschäftigen uns mit ihnen, sie fallen uns immer wieder ein und verbrauchen auch einen Teil unserer wertvollen Energie. Manche Themen sind schwerwiegender, und dann tut ein Lichtblick, wie er im folgenden Beispiel über den Regenbogen in das Tageserleben kam, doch besonders gut, er gibt neue Hoffnung und kann auch die Gewissheit vermitteln, dass ich nicht allein bin auf dieser Welt. Dieses „nicht allein" bezieht sich hier nicht auf Mitmenschen, sondern auf die Kräfte, die in unserem Leben über die Synchronizitäten wirksam werden.

Der Regenbogen und eine Tasse Kaffee

In einer schwierigen und belastenden Situation, die schon über längere Zeit andauerte, saß ein Mann – es ist der gleiche, dem das Grundwasser erschöpft war – wieder einmal sorgenvoll in seinem Zimmer und schaute zum Fenster hinaus. Draußen war es trüb und sonnig, regnerisch und wolkig zugleich. Wie in ihm auch. Er ging in die Küche und bereitete sich einen Kaffee. Als er zurückkam, sah er einen Regenbogen über der Stadt, so klar wie selten. In dem Augenblick erinnerte er sich an die biblische Aussage, die mit dem Regenbogen nach Abklingen der Sintflut von Gott gegeben wurde. Der Regenbogen war Zeichen und Verheißung, dass sich diese Katastrophe nicht wiederholen würde. Für ihn war das ein nicht zufälliges Zusammentreffen. Es war und blieb für ihn Trost und Versprechen. Er spürte von da an neue Hoffnung, dass auch er in seiner ihm ausweglos erscheinenden Situation eine gute Lösung finden würde. Neue Kräfte wurden in ihm mobilisiert, er spürte, wie neue Fröhlichkeit in seine Seele einzog.

Kann man denn bei jedem Regenbogen solche Zusammenhänge konstruieren? Warum nicht? Gerade das sind die Situationen, in denen wir vielleicht wichtige Signale übersehen. Betrachten wir das Vorher und das Danach in dieser seiner Situation. Der Gewinn ist eindeutig, eben weil er das Signal beachtet und für sich sinnvoll interpretiert hatte, auch wenn das unserem gängigen Weltbild zunächst zu widersprechen scheint. Aber vielleicht ist dieses Weltbild, ist unsere gewohnte Art der Suche nach dem Sinn ergänzungsbedürftig, vielleicht sollten neue Perspektiven hinzukommen? Vieles spricht dafür, vor allem die persönlichen Erfahrungen mit den Synchronizitäten.

Die Tasse Kaffee und der gleichzeitig erschienene Regenbogen haben sicher nicht die so oft gestellte Frage nach dem Sinn des Lebens beantwortet, aber sie haben eine neue Möglichkeit eröffnet, nämlich die Sinnmomente im Alltag mit seinen scheinbaren Banalitäten zu entdecken und dabei eine wesentliche Hilfe zu erfahren. Es steht außer Zweifel, dass die Sinnfrage zu den zentralen Fragen unseres Lebens gehört und deshalb immer wieder gestellt wird.

Ich muss mich lediglich für eine wahrscheinlich völlig neue Perspektive, eine ganz neue Weise der Wahrnehmung entscheiden.

Dazu gehört ein experimentierfreudiger Geist, es einfach einmal auszuprobieren, was geschieht, wenn ich den Sinn im Zusammenhang mit solchen Erlebnissen buchstäblich konstruiere, wenn er mir nicht wie vom Himmel einfach zufällt, sondern ich durch genaues Hinschauen Zusammenhänge sehe, die mir Sinn machen und die ich ganz persönlich zuordne. Sie gelten nur für mich. Jeder und jede andere mag es komisch finden, solange sie oder er nicht selbst experimentiert, aber für mich ist es sinnvoll und sehr hilfreich. Doch mag es zumindest am Anfang schwierig sein, die Dinge einmal ganz anders zu sehen.

Sinn ist täglich erlebbar, wenn wir hinschauen und uns neu für diese Form der Wahrnehmung entscheiden.

Hierzu noch ein ganz anderes Beispiel, das zeigt, wie weiträumig das Feld ist, das wir mit der Beachtung der Gleichzeitigkeiten betreten.

Unerwarteter Trost – Tränen und Narzissen

Vor einer ganz neuen Lebensphase stehend, nach einem schweren Schicksalsschlag, sitzt eine Frau zu Hause am Tisch, nachdenklich, auch weinend. Sie ist zugleich glücklich über die dadurch eingeleitete unerwartete und dringend notwendige Wende in ihrem Leben, die ihr ganz neue Perspektiven eröffnete. Sie hat jetzt den Mut zu Veränderungen gefunden, die sie als unabdingbar erkannt hatte, aber bisher vor sich herschob. Dies und jenes konnte sie doch nicht tun, weil ...

Wer kennt sie nicht, diese Argumente der Trägheit, der Angst oder nicht selten der Bequemlichkeit. Aufzubrechen zu neuen Ufern ist immer mit Anstrengungen verbunden, nicht selten auch mit Opfern. Wir müssen Gewohntes und Liebgewordenes, Vertrautes und scheinbar Unverzichtbares loslassen. Bringen wir dies freiwillig nicht fertig, mischt sich das Schicksal ein und zwingt uns nicht selten dazu.

Sie nahm also in dieser Stunde der Besinnung, die ihr viel bedeutete, die Mappe mit den Briefen lieber Freunde, die sie seit Jahren gesammelt hatte, vor und blätterte darin, hier und da lesend. Sie wusste eigentlich selbst nicht recht, warum ihr die Briefmappe gerade jetzt wichtig wurde.

In einem großen Doppelbogen mit dem Spruch „Vergangenem nachtrauern heißt Gegenwärtiges versäumen" fand sie, ohne danach gesucht zu haben, ein Gedicht wieder, das ihr vor Jahren ihre beste Freundin zum Geburtstag geschrieben hatte, an das sie sich aber nicht mehr erinnerte:

„Absichtslos"
Zeit der Tränen
Zeit der Narzissen:
ihr strahlenden Augen,
inmitten das Gold
meiner Liebe.
Absichtslos,
schön und zart steht ihr da,
wie meine Liebe.

In dem Augenblick, so berichtete sie, fiel ihr Blick auf den Blumenstrauß auf dem Tisch: es war ein großer Narzissenstrauß, der sie gerade jetzt, sagen wir, absichtslos grüßte, einfach so. Die Blumen standen da in ihrer ganzen Schönheit, gaben sich hin, sie konnte sie so lange anschauen, wie es ihr gut tat. Und das tat ihr lange gut, denn sie vergaß die Zeit. Dieses gleichzeitige Erleben, bei dem zwei Ereignisreihen zusammenliefen, die an sich nichts miteinander zu tun hatten oder auch nur haben könnten, war für sie ein großer Trost, half ihr, neue Hoffnungen zu begründen und der Absichtslosigkeit zu begegnen.

In diesem Beispiel wird deutlich, wie das Unbewusste uns führt – wenn wir uns der Führung überlassen. Wir müssen nicht immer genau wissen, was jetzt zu tun, was jetzt „dran" ist. Manchmal ist es hilfreich, sich einfach dem zu überlassen, was das Unbewusste „anbietet", also vielleicht einmal einfach nur da zu sitzen und eine Briefmappe zu öffnen. Ohne zu wissen, warum ich das jetzt tue.

Die Frau hätte diese Synchronizität wahrscheinlich nicht erlebt, wenn sie ihre Trauer verdrängt, wenn sie sich gezwungen hätte, etwas „Nützliches" zu tun, anstatt nur am Tisch alte Briefe anzuschauen.

Der erlebte Sinn von Synchronizitätserfahrungen gibt mir die Gewissheit, von guten Freunden begleitet zu sein oder „wie auf Adlers Flügeln" getragen zu werden.

Auch im Dunkeln warten die Freunde

Die Bereitschaft, mit Synchronizitäten täglich zu leben, eröffnet gerade diese Perspektiven, die Sicht auf die Freunde „da draußen" oder „aus dem Kosmos", wie man mangels genauerer Kenntnis oft sagt. Was es auch immer heißen mag, wir suchen nach einem einigermaßen passenden Ausdruck, um eben von diesen anderen als den persönlichen, biographischen Freunden zu sprechen. Wer heute von Engeln redet – glücklicherweise ist es möglich, denn es ist ein passender Ausdruck für diese Freunde –, sollte die Synchronizitätserlebnisse einbeziehen, sonst ist sie oder er eigentlich nicht auf dem Stand möglichen heutigen Erfahrungswissens.

Auch in der Psychotherapie wird es den Patienten empfohlen, sich innere Helfer zu suchen, die den weiteren Heilungs- und Lebensweg begleiten. Das hat sich vor allem bei schwer traumatisierten Menschen bewährt, die mit dem Leben allein einfach nicht mehr fertig werden. In der Seele sind Kräfte abrufbar, die sehr hilfreich sind. Dabei ist es zunächst wirklich gleichgültig, ob wir sie „in uns" oder „außerhalb von uns" ansiedeln und wie wir sie benennen. Je konkreter und vertrauter in der Sprachform, umso besser. „Engel" und „innere Helfer" haben sich sehr bewährt, sie werden von den Patienten ganz selbstverständlich angenommen und in das persönliche Leben einbezogen.

Natürlich gehören nicht nur die „geistigen Freunde" zu unserem Leben, sondern auch die ganz konkreten menschlichen. Gerade in Notsituationen können und brauchen wir nicht auf sie zu verzichten, vorausgesetzt, wir pflegen unsere Freundschaften in den guten Zeiten.

Es ist immer wieder erstaunlich, auf welchen Wegen sich Freundschaften vertiefen können. Es ereignete sich Folgendes:

Zunehmend unter starken Schmerzen leidend, die sich über den gesamten Organismus ausbreiteten, wurde es in der Seele des Freundes immer dunkler, er sah kein Licht der Hoffnung mehr.

Am schlimmsten war aber, dass er sich buchstäblich von seinem Gott verlassen fühlte, mit dem er doch auf seine ganz persönliche Weise ein Leben lang in innerer und inniger Verbindung gelebt hatte.

In dieser Notsituation rief er seinen Freund an, der viele hundert Kilometer entfernt wohnt. Es war für beide ein inniges Gespräch, das sie nicht vergessen werden. Im Anschluss daran schrieb der Freund einen Brief, in dem u.a. stand:

„... seit unserem Telefongespräch beschäftigt mich, dass du in die Dunkelheit schaust, und da ist kein Licht und keine Antwort, alles nur dunkel und stumm und mehr Abgrund und Nichts, vielleicht mehr Verzweiflung als Hoffnung.

Merkwürdig oder auch nicht, dass ich gerade gestern vom Dunkel in dem Buch las, das ich von dir als Geburtstagsgeschenk bekam. Ich weiß nicht, ob du es auch hast oder näher kennst. Ich will dir einiges daraus schreiben:

Sei still, sprach ich zu meiner Seele, und lass Dunkel über dich kommen. Es wird ‚das Dunkel Gottes sein'.

‚Gesteuert werden von dem, was lebt, wenn »wir« nicht länger leben als Interessenten oder »Besserwisser«. Lauschen und sehen können bis zu dem in uns, das im Dunkel ist. Und schweigen.'

‚Befreie mich von meinen eigenen Schatten, mein Gott, von der Verworrenheit und den Trümmern meines Lebens! Denn die Nacht ist dunkel, und dein Pilger ist blind.'

‚Das Licht findet man recht eigentlich in der Finsternis; somit, wenn man Leiden hat und Ungemach, dann ist uns das Licht am allernächsten.'"

Im Zusammenhang mit der geschilderten Lebenssituation zeigt diese Synchronizität – der Freund las in dem Buch, das er von seinem Freund bekam, von der Dunkelheit, die das Leben manchmal überschatten kann, und am nächsten Tag ruft ihn dieser Freund an und berichtet über die dunkle Zeit jetzt in seinem Leben – sowohl die innere Verbindung der beiden Freunde als auch das Wissen aus dem Unbewussten, das den beiden genau die Worte „zuspielt", die jetzt Trost und Hoffnung spenden. Hinzu kommt, dass diese Erlebnisse Zeit und Raum relativieren, Entfernungen spielen keine Rolle, und die Zeit verdichtet sich wieder zu einem Augenblick, dem der Gleichzeitigkeit. Da gibt es keine Vergangenheit oder Zukunft mehr, nur die pure Gegenwart.

Und im Dunkel warteten die Schöpfer

Dass Dunkel sich lichtet, ist uraltes Menschheitswissen, wie sich in den Mythen der Völker zeigt. Diese sind Ausdruck und Niederschlag von Erfahrungen, die Jahrtausende überdauerten und in jedem von uns ihre Spuren hinterlassen haben. Sie erscheinen dem heutigen Menschen auch in Träumen. Von besonderer Bedeutung sind dabei die Schöpfungsmythen, Bilder der Entstehung „Himmels und der Erden", der Götter, der Menschen und der Natur. Studiert man sie genauer, so lassen sich viele Anknüpfungspunkte an das menschliche Leben finden, insbesondere für die Lebenssituationen, in denen eine vielleicht grundlegende Neuorientierung erforderlich ist, wie bei diesem Freund. Eine Instanz in uns, ein innerer Helfer, weiß darum, und es werden von den Betreffenden Träume geträumt oder Phantasien entwickelt, die sich mit den Bildern der Schöpfungsmythen vergleichen lassen. In dem eben geschilderten Fall entspricht die aktuelle Lebenssituation einer solchen Notwendigkeit der Erneuerung des ganzen Menschen nach Leib, Seele und Geist.

Im Schöpfungsmythos der Maya heißt es: „Im Dunkel warteten die Schöpfer ..."

Und die Schöpfungsgeschichte der Navaho-Indianer beginnt: „Dunkel und unsichtbar war die erste Welt am Anfang allen Seins, so dunkel wie die Wolle schwarzer Schafe."

Dunkelheit und Licht gehören zusammen, solange wir noch in einer dualen Welt leben. Auch die innere Dunkelheit unserer Seele ist ein fester Bestandteil unseres Erlebens, belastend, wenn sie da ist, und doch die Voraussetzung für Helle und Licht.

Gerade deswegen, weil wir in der dualen Welt leben, sind die Synchronizitäten so wichtig für uns. Denn sie zeigen uns, dass die Dualität überwunden werden kann, dass wir in die Einheit, die

Gleichzeitigkeit, die Ewigkeit, die „Erleuchtung“ gehen können. Sie verbinden hell und dunkel so, wie der „Gyrus cinguli“ die beiden Hemisphären des Gehirns verbindet und uns so die Einheit der Welt erleben lässt.

Das Buchgeschenk

Es gibt viele Lebenssituationen, in denen Synchronizitäten auf einen Sinn zeigen. Es ist dann immer mehr, als die offensichtlichen Tatsachen aussagen. Beginnt man diese Situationen zu beobachten, so werden sie so zahlreich, dass sie ein ständiger Begleiter sind. Sie werden selbstverständlich und berühren wirklich alle Lebensbereiche. Und sie sind immer sinnstiftend.

Dies geschah bei dem im Folgenden geschilderten Krankenbesuch einer Freundin. Die Patientin erzählte ihrer Freundin, die sie im Krankenhaus besuchte, dass sie sich jetzt mehr mit dem Islam beschäftigen wolle, sie interessierte besonders die islamische Mystik, wie sie vor allem von Annemarie Schimmel dargestellt wird. Beide hatten bisher weder über die Autorin noch über den Islam miteinander gesprochen. Unter den Büchern, die sich die kranke Frau mit ins Krankenhaus genommen hatte, war auch das Buch über „Die Mystik des Islam“.

Zum größten Erstaunen beider hatte ihr die Freundin als Geschenk ebenfalls ein Buch von Annemarie Schimmel mitgebracht, und zwar über Rumi, den großen persischen Mystiker. Beide waren sehr erstaunt, erfreut und betroffen.

Auch wenn sie sich zur Zeit sicher nicht gründlicher mit dem Islam befassen werden, ist es ihnen doch ein Hinweis, genauer in diese Richtung zu schauen, offener für diesen Bereich der Religion zu sein, der ihnen bisher fern lag. Die Mystik ist allerdings ein Thema, das die beiden verbindet und das durch dieses gemeinsame Erlebnis aktualisiert und erweitert wurde. Mystik ist ja auch der religiöse Erlebensbereich, der die Religionen verbindet, statt sie zu trennen. Deshalb sind die Mystiker immer die kritisch beobachteten Außenseiter geblieben, trotz oder gerade wegen der Inbrunst ihrer Gottesnähe.

Das Geschilderte ist wieder ein gutes Beispiel dafür, wie man mit den Synchronizitäten umgehen kann: Man könnte sie einfach übergehen, gar nicht wahrnehmen oder sich darüber freuen und ein bisschen amüsieren, sind sie doch oft ein ganz lustiges Zusammentreffen. Oder man kann Sinnmomente entdecken, diese miteinander konstruieren, sich bereichern lassen und sie, was hier die Freundschaft betraf, auch äußerlich weiterführen und den Gesichtskreis beider erweitern.

5. Kapitel
Erkennen des Weges

Wie geht mein Weg weiter? Das Bild des Weges passt gut zum Verlauf des Lebens. Es gibt gerade und krumme Wege, es gibt Umwege, im Neuen Testament wird der „schmale Weg" empfohlen, der ins Paradies führt, im Gegensatz zum „breiten Weg", der im Verderben endet. Man sagt sogar, dass der Weg zur Hölle mit guten Vorsätzen gepflastert sei. Wenn unsere Kinder das Haus verlassen, wünschen wir ihnen „Alles Gute für deinen weiteren Weg". Der Weg ist ein lebendiges Bild für die Vielfalt des Lebens. So wundert es nicht, dass sich viele Synchronizitätserlebnisse in diesen Rahmen einordnen lassen und mir auf meinem Wege weiterhelfen können.

Und dann fragte er mich nach meinem Aszendenten

Bei dem folgenden Beispiel ist vorauszuschicken, dass Ärzte und Psychologen, die eine berufliche Weiterbildung in analytischer oder tiefenpsychologisch fundierter Psychotherapie nach ihrem Medizin- oder Psychologiestudium absolvieren wollen, sich einer Lehranalyse unterziehen müssen. Das heißt, dass sie sich über viele Stunden derselben Methode unterziehen, mit der sie später ihre Patientinnen und Patienten behandeln wollen. Sie rekonstruieren ihr Leben, ihre Erlebnisse der Kindheit und ihre vielfältigen, zum Teil völlig vergessenen Erfahrungen mit Vater und Mutter, um zu verstehen, wie sie so geworden sind, wie sie jetzt sind, vor allem auch, um zu erkennen, welche Selbstverständlichkeiten ihrer Ansichten und Verhaltensweisen gar nicht so allgemein gültig oder akzeptabel sind, wie sie es bisher angenommen haben. Sie hinterfragen sich, machen sich so weit wie möglich die Motive ihres Handelns bewusst, sie führen eine Selbstanalyse durch.

So begann ein Arzt seine Lehranalyse bei mir und berichtet:

„Vor der ersten Lehranalysenstunde stehe ich morgens beim Zähneputzen vor dem Spiegel. Dabei kommt mir der Gedanke, ob Herr Seifert, mein künftiger Lehranalytiker, wohl fragen wird, welches Sternbild ich habe. Dann frage ich mich, ob er auch meinen Aszendenten wissen will. Ich wusste nichts darüber, ob er sich für Astrologie interessiert.

Zwei Stunden später nimmt Herr Seifert als erstes meine Personalien auf und stellt, nachdem er das Geburtsdatum aufgeschrieben hat, fest: ‚Sie sind also Zwilling. Wissen Sie zufällig auch Ihren Aszendenten?' Ich war platt und erzählte ihm, woran ich am Morgen beim Zähneputzen gedacht hatte. Wir waren beide erstaunt und amüsiert.

Herr Seifert achtet, wie ich jetzt weiß, immer sorgfältig auf Synchronizitäten, aber diese schien ihm doch etwas aus dem Rahmen zu fallen, zunächst wenigstens, ehe wir noch näher nachgedacht hatten, was der Aszendent in der Astrologie bedeutet."

Für uns beide war dieses Erlebnis zunächst eine Bestätigung, dass die Wahl, miteinander diese besondere Arbeit durchzuführen, wohl richtig war. Eine solche Psychoanalyse erstreckt sich über eine längere Zeit, manchmal über Jahre, und führt zu tiefen Einblicken in die persönliche Geschichte und ihre meist sorgsam gehüteten Geheimnisse. „Das habe ich bisher noch keinem erzählt." Im Laufe der analytischen Arbeit entwickelt sich ein Vertrauensverhältnis, das sehr tief geht. Erst bei näherem Nachdenken kamen wir beide auf die doch beeindruckende symbolische Bedeutung und freuten uns über diese erneute und unerwartete Bestätigung. Es war und bleibt ein schönes Geschenk. Wer gab es uns? Denn genau darum geht es in einer solchen Selbsterfahrung: Ich zeige mich, so wie ich bin, das Kind in mir wird wieder lebendig mit seinen Freuden und Schmerzen, mit seiner ganzen Geschichte, die es zeitlebens in sich trägt und die zur Ursache vieler Erlebnisse und Verwicklungen wird.

Synchronizitäten kommentieren Anfangspunkte mit wichtigen, oft ermutigenden Perspektiven.

Ich finde meinen Weg

Jeder möchte und muss seinen Weg finden. Und doch ist der Lebensweg oft unklar – in welche Richtung soll ich, will ich gehen? Das Sollen und Wollen, das innere und äußere Müssen sind nicht immer so einfach unter einen Hut zu bringen. Und oft genug sehe ich gar keinen Weg mehr vor mir. In ganz schwierigen Lebenssituationen suche ich einen Ausweg und meine, ihn nicht zu finden. Für viele Menschen ist der selbst gewählte Tod dann der „letzte Ausweg“, sie wissen sich keinen Rat mehr. Mehr Menschen, als man so allgemein annimmt, wählen diesen „Weg“, wenn man hier noch von einem Weg sprechen will. Es handelt sich eher um den Endpunkt eines Lebensweges, der einmal als mein Leben angefangen hat. Bin ich mir dieses, meines Weges bewusst gewesen, habe ich überhaupt gesehen, dass ein Weg vor mir liegt, habe ich in dieser Form über mein Leben nachgedacht? Wie stellt es sich als Weg dar, wenn ich heute rückblickend darauf schaue, meinen Weg gewissermaßen rekonstruiere? Da spielt es keine Rolle, ob es „objektiv“ so gewesen ist. Natürlich können die Informationen sehr hilfreich sein, die meine Eltern, Geschwister, Jugendfreunde und Menschen, die mich schon lange kennen und mich begleitet haben, mir gaben. Entscheidend aber ist, wie ich es heute selbst sehe und rückblickend erlebt habe. Denn das kann außer mir niemand wissen und nachfühlen. Es ist und war mein Leben.

Eine Klientin berichtete von einer Synchronizität, die sie erlebt hatte, als sie sich, in letzter Zeit mutlos geworden, fragte, ob sie eigentlich auf dem richtigen Weg sei, wie ihr weiterer Lebensweg aussehen könne, den sie nicht mehr klar vor sich sah.

Da las sie eines Morgens in einem Büchlein von Ulrich Schaffer:

„Den Weg,
den du vor dir hast,
kennt keiner.
Nie ist ihn einer so gegangen,
wie du ihn gehen wirst.
Es ist dein Weg.“[6]

In der Synchronizität – sie beschäftigt sich mit der Frage nach ihrem Lebensweg, und ohne dass sie gezielt in einem Buch danach sucht, beschert ihr das Unbewusste die Zeilen über den eigenen Weg – erlebt sie, dass sie nicht allein ist mit ihrer Frage und Suche, dass da ein Wissen ist, das ihr antwortet.

Und sie erinnerte sich wieder an einen Psalmvers, den sie von ihrer Jugendzeit her kennt. Er lautet: „Ebne vor mir, Gott, deinen Weg“ (Psalm 5, 9).

Es gibt also zwei grundlegende Perspektiven des Weges: meinen Weg, so wie ich ihn gestalte, und Gottes Weg mit mir. Angesichts der Möglichkeiten, die im Synchronizitätserleben liegen, brauchen wir uns nicht zu scheuen, von Gott zu sprechen, ohne dabei bestimmte Vorstellungen festzulegen.

Das Zusammentreffen des Textes mit dem inneren Erleben und Fragen der Frau, also die Synchronizität, brachte die Lösung. Es wurde wieder still in ihrem Herzen, die Zuversicht kehrte zu ihr zurück, verbunden mit dem tief verankerten Wissen, dass es diesen ihren Weg gibt. Sie kann ihn gehen und wird ihn zur rechten Zeit auch vor sich sehen. Sie ist wieder sicher, welche Schritte sie zu gehen hat, die sie dann aber auch gehen muss, wenn sie nicht stehen bleiben will. Innehalten ja, aber nicht stehen bleiben, sonst bleibt alles nur ein schöner Gedanke, ein guter Vorsatz.

Wieder wird deutlich, wie einfach doch der Weg der erlebten, bewusst wahr- und ernst genommenen Synchronizitäten mit ihrer Sinnvermittlung ist.

Synchronizitäten machen Mut und geben die Zuversicht zurück, wenn diese verloren gegangen ist; sie helfen Kraft und Hoffnung erneuern, ermutigen zum Weitergehen.

Zur rechten Zeit der Weg zur Kosmetik

Eine Frau in der Lebensmitte machte sich Gedanken über ihr Äußeres und entschloss sich, ihr „Outfit“ zu erneuern. Sie fand auch, dass sie gar nicht so recht wisse, wie „frau“ sich schminkt und wollte in einer Parfümerie fachgerechte Beratung in Anspruch nehmen. Sie nahm sich dies an einem Tag vor, an dem sie in der Stadt mehrere Einkäufe zu erledigen hatte. Ohne dass ihr das erst einmal bewusst war, beeilte sie sich mit ihren Einkäufen mehr, als sie das sonst tat. Sie wollte so rasch wie möglich zur Parfümerie, um sich in die Geheimnisse des richtigen Schminkens einweihen zu lassen. Dass dieser Gedanke fast bedrängend war, fiel ihr erst im Nachhinein auf. Unterwegs hatte sie nämlich mehrfach in Erwägung gezogen, den Schminkplan für heute aufzugeben, weil die Zeit sehr knapp wurde. Aber es zog sie wie magisch in den Laden – so beschrieb sie es.

Also betrat sie dann, als letzten Einkauf, das ihr bekannte Geschäft und traf dort auf einen sehr gut aussehenden Mann, der ihr noch nie im Laufe der Jahre, in denen sie immer mal wieder dort einkaufte, begegnet war. Er fragte sie nach ihren Wünschen, die sie ihm nannte, sie sprach dann aber auch von ihrem Anliegen, zu lernen, wie sie sich gut und richtig schminken und stylen kann.

Und so blieb sie zwei Stunden bei einem Mann, der nur einmal im Jahr einen halben Tag lang in diese Stadt zu seiner alten Lehrstelle kommt, dort im Laden mitarbeitet, weil es ihm Freude macht. Inzwischen lebt er in Paris, berät und unterrichtet die Mannequins der Haute Couture, und dies offenbar in einer besonderen Weise, die sehr dezent die Persönlichkeit der Betreffenden hervorzuheben weiß. Bei ihm nun konnte sie Unterricht nehmen – einige Stunden lang –, vorher nichts ahnend von dem, was auf sie zukommen würde. Nur eines wusste sie: Sie musste unbedingt heute dorthin. Es war eine so klare innere Stimme, dass sie es fast als Anweisung empfand und auch gar keinen Anlass sah, ihr nicht zu folgen. Sehr zu ihrem Vorteil, wie man es heute sehen kann.

Eine scheinbar kleine, alltägliche Begebenheit, aber zugleich eine Antwort auf ihre Frage, wie sie sich richtig schminken solle. Da ihr dieses Thema in ihrer jetzigen Lebenssituation so wichtig war, stellte sich ihr auch gar nicht die Frage, ob und warum Synchronizitäten sich auf solche scheinbar alltäglichen Banalitäten wie das Schminken beziehen. Für sie war es keine Banalität, es war in ihrer jetzigen Lebenssituation ein wichtige, eine gefühlsmäßig sehr betonte Angelegenheit.

Und hierin liegt für sie auch der Sinn der Synchronizität. Ihr ist neben der persönlichen Bereicherung, dass sie nun ihre eigene Attraktivität noch mehr genießen kann, bewusst geworden, dass Schönheit an und für sich keine Banalität ist, denn Schönheit, wo und wann immer man sie bewusst wahrnimmt, führt zu einem Gefühl der Freude, des Ausgeglichenseins, des inneren Friedens. Denn Schönheit ist Harmonie, bedeutet also Übereinstimmung. Im Grunde handelt es sich bei der Schönheit um das gleiche Prinzip wie bei den Synchronizitäten, in denen es durch das Zusammenfallen von Geist und Materie ja auch zu einer Übereinstimmung kommt.

So verwundert es nicht, dass heute Mathematiker und Physiker ihre errechneten Formeln nach der Schönheit, die sie aufweisen, beurteilen. Sind sie schön, müssen sie richtig sein.

Synchronizitäten verbinden alltägliche Situationen mit neuen Perspektiven, die oft weit über den Alltag hinausreichen und ihn mit völlig unerwarteten Dimensionen bereichern. Sie sind Wegweisungen und Tor in die Zukunft.

Der alte Buchwagen in Berlin

In das Thema, den eigenen Weg zu finden, passt ein persönliches Ereignis, das ich bisher noch gar nicht im Zusammenhang der sinnstiftenden Gleichzeitigkeiten gesehen hatte. Wie es oft ist im Leben: „plötzlich geht einem ein Licht auf". Dieses Erlebnis von damals hatte eine das Schicksal bestimmende Funktion.

Es geschah Folgendes: Als junger „Oststudent" – das waren die Abiturienten aus der damaligen Ostzone, der späteren DDR – in Berlin verfügte ich nur über ganz wenig „Westgeld", da nur eine Summe von DM 70,– zum Umtauschkurs 1 : 1 ermöglicht wurde.

Meine finanziellen Mittel waren somit sehr begrenzt. So stand ich vor fünfzig Jahren vor einem, vielleicht dem letzten kleinen Buchwagen in Berlin, der einzigen Buchhandlung, die antiquarische Bücher zu einem mir gerade noch erschwinglichen Preis anbot. Wie es kam, dass ich damals die „Einführung in die Analytische Psychologie" von Jolande Jacobi aus dem Regal herausgriff und für DM 10,– erstand, weiß ich nicht. Von C. G. Jung hatte ich noch nichts gehört, war also nichtsahnend. Warum griff ich gerade dieses Buch heraus?

Die einzige Verbindung wäre das Wort „Psychologie", mein Studienfach, gewesen, von dem ich aber auch – 1949 – kaum größere Ahnungen hatte. Es zog mich einfach dahin, die Gründe und Motivationen lagen sicher tief in meiner Seele. Dieses Buch nun sollte das wegweisende Buch der kommenden Jahre für mich werden. Und – was entscheidend war – ich nahm mir vor, die dort beschriebene Ausbildung in Zürich einmal zu machen, natürlich ohne die geringste Ahnung, wie das je möglich werden könnte. Wahrscheinlich kann man sich heute nicht mehr recht vorstellen, wie sich ein junger Mann, gerade 18-jährig, so kurz nach Kriegsende innerlich gefühlt, wie er sich verstanden und seine Zukunft gesehen hat.

Es lag damals wirklich alles noch völlig im Dunkeln, für den einzelnen Deutschen und für das ganze Volk. Also mitten in dieser dunklen Zeit, in der die Zukunft noch völlig vernebelt war, gab es diese innere Klarheit, dieses innere Wissen um einen, um meinen Weg, den ich dann auch unter spannenden inneren und äußeren Umständen gehen durfte, was für mich ein ganz besonderes Geschenk war und bleibt.

Es gibt Synchronizitäten, die eine so weitreichende Wirkung und Funktion haben, dass der Lebensweg über Jahre davon mitgeprägt wird. Es ist, als seien sie mit jenen Kräften oder inneren Führern verbunden, die unser Leben steuern. Sie geben mir zumindest immer neu und bis in die Gegenwart die entsprechende Gewissheit. Wir brauchen nur dafür offen zu sein, mehr nicht.

6. Kapitel
Blicke über den Tod hinaus

Synchronizitäten verbinden. Sie verbinden Innen und Außen, Gegenwart und Vergangenheit oder Zukunft, sie verbinden innere Tatbestände miteinander, Menschen finden neu zueinander oder entdecken neue Seiten ihrer Beziehung, sie helfen, alte Bahnen zu verlassen, die bisherigen Auffassungen über mich, die Welt und Gott zu überprüfen, zu verändern oder zu bestätigen. Schon diese Möglichkeiten grenzen manchmal an Wunder. Es scheint aber auch die Möglichkeit zu geben, die Grenzen dieses Lebens zu überschreiten, wie wir es aus Träumen und Nahtod-Erfahrungen schon kennen. „Am Ende der Zeit", im „ewigen Nun", wie Meister Eckehart es beschreibt, ist das gar nicht so eigenartig. Das Nacheinander und das Nebeneinander ist vorüber, es ist alles eins, auch wenn wir uns das erlebnismäßig nur schwer vorstellen oder es nachvollziehen können, wenn wir keine eigenen Erfahrungen damit haben. Aber gerade die Synchronizitäten sind Wege zu Zeitmomenten, in denen die Zeit still steht und wir aus der Zeit austreten können.

Bis ins Totenreich hinein

Eine Frau stand vor einigen Wochen am Totenbett ihres Vaters, mit dem sie eine sowohl sehr spannungsreiche als auch innige Beziehung verband.

Erst in den letzten Jahren und Monaten wurden ihr die vielen

Besonderheiten dieser Beziehung deutlich. Sie hatte auch für ihren Vater eine viel größere Bedeutung, als ihr bisher bewusst war, ja bewusst sein konnte.

Je kränker der Vater wurde – er hatte eine lange und mühselige, schmerzensreiche Leidenszeit – umso stärker spürte sie die Verbindung zu ihm, jetzt aber als erwachsene Tochter und Frau. Sie konnte immer besser unterscheiden zwischen den Resten ihrer Kindheit, die sie hinter sich ließ, und der erwachsenen Person, die sie jetzt in der Lebensmitte ist.

Sie hatte gerade einen Traum aufgeschrieben, in dem zwei Schlangen erbittert miteinander kämpften und in dem sie die aktuellen familiären Konflikte wiedererkannte. Da schlug sie im Rahmen ihrer Arbeit in einem Band von C. G. Jungs Werken etwas nach. Dort las sie beim Suchen zu ihrem großen Erstaunen – „rein zufällig“ – als erstes folgende Passage:

„Es ist eine uralte mythische Vorstellung, dass der Heros, wenn sein Lebenslicht erlischt, in Schlangengestalt weiterlebt und auch als Schlange verehrt wird. Die Schlangengestalt der Totengeister ist auch anderwärts als primitive Vorstellung verbreitet. Sie dürfte wohl der Anlass sein zu der Wurmversion des Phönixmythos. Wie die Heroen und die Totengeister, so haben auch die Götter Beziehung zur Schlange.“[7]

In der alten Symbolik hat der Vogel Phönix immer einen Bezug zu Neubeginn und Auferstehung, er kriecht nach seiner Verbrennung, zunächst als Wurm, aus der eigenen Asche.

Die Verbindung zur Auferstehung Christi ist offensichtlich, der Mythos gehört zu den Ritualen der Königserneuerung. Der Untergang des Königs ist immer durch seine Unvollkommenheit oder Krankheit bedingt.

Im Rückblick auf das sehr erfolgreiche Leben ihres Vaters als Unternehmer und die große Anstrengung und Leistung, die er unermüdlich bis in sein hohes Alter und in seinen langwierigen Krankenstand hinein erbracht hat, möchte man ihm wünschen, dass sich der Inhalt des alten Textes für ihn ereignet, dort, wo er jetzt ist.

Was die Frau sehr beeindruckte, ja betroffen machte, war, dass der Satz: „Wie der Phönix aus der Asche" ein Lebensmotto ihres Vaters war. Wie oft hatte sie ihn gehört, noch öfter hat er ihn wohl im inneren Zwiegespräch zu sich selbst gesagt. Er war ein Mann, der nie aufgegeben hat. Hier aber geht es um eine Gleichzeitigkeit, die ja von höchster Unwahrscheinlichkeit ist. Angesichts seines Todes und des Phönix aus der Asche, seinem lebenslangen Leitmotiv, gelesen in einem Buch, das sie nur „zufällig" an diesem Tag, an dem sie ihren Traum aufgeschrieben hatte, aufschlug, war sie sehr betroffen und noch einmal neu mit ihm verbunden, auf andere Weise über den Tod hinaus, als es ohnehin bei nahen Angehörigen der Fall ist.

Hinzu kommt noch, dass er ihr diesen Satz mehrfach gesagt hatte, immer dann, wenn sie am Verzweifeln war, aufgeben wollte, z. B. als ihr Doktorvater ihre eingereichte Dissertation nicht annehmen wollte. Auch in anderen dunklen Stunden ihres Lebens ermutigte er sie auf diese Weise. Trotz aller Spannungen und Konflikte, die sie mit ihm hatte, zeigt sich hier die tiefe innere Verbindung zwischen Vater und Tochter. Er war es, der in ihr immer wieder neue Kräfte weckte, die tief in jedem Menschen verankerte Kraft zu Wiedergeburt und Erneuerung, um die wir wissen, ohne es zu wissen. Das Unbewusste des Menschen ist ein großer Speicher, der alles enthält, was wir zum Bestehen des Lebens brauchen, der uns auch mit der ganzen Menschheit verbindet. Schlange und Phönix, sie überwinden den Tod, dieses ihr lebendig gewordene Symbol stellt eine bleibende, große Sicherheit gebende Erfahrung dar.

Es ist nicht selten, dass sich zu einer Synchronizität eine zweite ereignet. Im eben beschriebenen Beispiel fand die erste statt in der

Gleichzeitigkeit des Traummotivs „Schlangen“ mit dem gleich darauf rein zufällig aufgeschlagenen Text, in dem es auch um Schlangen geht, und der zweiten, dass der im Text beschriebene „Phönix aus der Asche“ das Lebensmotto des Vaters war, den der Traum betraf.

Auch im folgenden Beispiel gibt es zwei Synchronizitäten. Und auch hier wird die Seele in Gestalt eines geflügelten Wesens beschrieben, was sehr gut zu verstehen ist: Denn die Geflügelten können sich scheinbar schwerelos von der Anziehungskraft der Erde, der festhaltenden Materie, erheben und in eine grenzenlos wirkende Weite „entschweben“. So ist es nicht verwunderlich, dass die „Zwischenwesen“, die Engel, welche in Beziehung sowohl zu den Menschen als auch zu Gott stehen, Flügel tragen. Die meisten Kinder, aber auch viele Erwachsene wissen um ihren Schutzengel, um das Wesen, das sie führt und über sie wacht.

Der Schmetterling

Wir erwähnten in der Einleitung des Buches schon den amerikanischen Kollegen Murray Stein, der sich mit der „Wirklichkeit der Seele“ beschäftigt.

Er berichtet über eine Freundin namens Magda. Sie war die letzten Jahre ihres Lebens an den Rollstuhl gefesselt, was sie mit heiterer Gelassenheit annahm. Nur dass sie nicht mehr tanzen konnte, fiel ihr sehr schwer, und kurz vor ihrem Tode sagte sie noch, wenn sie im Jenseits angekommen sei, dann werde sie als Erstes tanzen, darauf freue sie sich sehr.

Murray Stein und seine Frau wollten gerne zur Seligsprechung von Edith Stein, der bekannten jüdischen Nonne und Philosophin, die im KZ umgekommen ist, nach Rom reisen, und Magda besorgte ihnen freundlicherweise zwei Teilnahmekarten, da sie entsprechende Beziehungen hatte.

Kurz darauf starb Magda. Das Ehepaar Stein fuhr zur Beerdigung. Doch es war in der Todesanzeige ein anderer Friedhof angegeben worden als der, auf dem die Beerdigung tatsächlich stattfand. Sie bemerkten dies erst, als sie auf dem falschen Friedhof standen. Sie mussten also zu ihrem Auto zurückgehen, um zum richtigen Friedhof zu fahren. Zu ihrem großen Erstaunen bemerkten sie, als sie wieder in ihr Auto stiegen, dass sich ein schöner, großer Schmetterling im hinteren Teil des Autos befand. Sie wunderten sich, denn als sie das Auto verlassen hatten, war er noch nicht da gewesen, und das Auto stand mit geschlossenen Fenstern auf dem Parkplatz. Frau Stein versuchte, ihn zum Hinausfliegen zu bewegen, doch es gelang ihr nicht. Auch als sie beim richtigen Friedhof ausstiegen, war er nicht bereit, mit ins Freie zu kommen, sondern wartete im Auto auf ihre Rückkehr. Erst als die beiden zu Hause aus dem Auto stiegen, flatterte er sogleich aus dem Wagen und setzte sich vor ihnen auf den Boden. Sie betrachteten ihn verwundert, und ihr Erstaunen wurde noch größer, als er plötzlich auf dem Boden zu tanzen begann.

Hat schon einmal jemand einen Schmetterling auf dem Fußboden tanzen sehen? „Es ist Magda", sagten beide spontan. Sie verstanden sofort, dass die Seele von Magda in Gestalt eines Schmetterlings ihnen zeigen wollte, dass es ihr nun gut gehe und sie wieder tanzen könne.

Daraufhin verabschiedete sich die Schmetterlings-Seele, die einst Magda gewesen war, und flatterte davon.

Nach einiger Zeit reisten die Steins dann zur Seligsprechung der Edith Stein nach Rom. Sie hatten sehr gute Plätze, ziemlich weit vorne in der riesigen Kirche, die mit hunderten von Menschen dicht gedrängt war.

Doch sie trauten ihren Augen kaum, als sich plötzlich, mitten im Gottesdienst, ein schöner, großer Schmetterling - er sah genau so aus wie der nach der Beerdigung von Magda - sich auf ihr Gesangbuch setzte und sie ansah.

Wie kam der Schmetterling in dieser großen Kirche, die dicht gedrängt mit Menschen angefüllt war, nach vorne zu den Steins? Doch Murray Stein und seine Frau wussten: Es ist Magda, die sie noch einmal aus dem „Jenseits" grüßte. Im „Diesseits", in der Dimension, die wir auf Grund der Beschaffenheit unseres Gehirns so wahrnehmen, dass hier Materie und Geist getrennt sichtbar sind, konnte sie es in Gestalt des Schmetterlings, der seit jeher ein wundervolles Symbol für die Seele darstellt.

Synchronizitäten stellen auch Verbindungen über den Tod hinaus her, verbinden Diesseits und Jenseits in einer ganz persönlichen, unser Erleben bezogenen Form, sie greifen auch weit zurück in die innere Geschichte der Menschheit und verbinden uns mit ihr.

Teil 3:
Der Blick auf das Ganze

Handelt es sich bei Synchronizitäten um eine reine Glaubensfrage? Wir beobachten doch immer Phänomene, die mit herkömmlichen wissenschaftlichen Methoden (noch) nicht zu erfassen sind. Dass wir jedoch mit heutigen Mitteln manches noch nicht verstehen oder erklären können, sagt nichts gegen das Phänomen als solches aus. Wir müssen hier nicht mehr und nichts anderes „glauben“, als wir es auch sonst mit Zahlen und Berechnungen tun. Unser Wissen ist immer vorläufig und nicht ganz eindeutig. Worauf es bei der Synchronizität ankommt, ist die Art unserer Wahrnehmung und Schlussfolgerung zu verändern und nicht länger von der Kausalität als alleinigem Erklärungsprinzip auszugehen. Aber das scheint sehr schwierig und mit vielfachen Ängsten besetzt zu sein. Es ist, als ob wir die Welt dann nicht mehr so zuverlässig überblicken und berechnen könnten. Die Vorstellung Newtons, dass Gott am Anfang aller Dinge den Kosmos geschaffen und in Gang gesetzt hat, dieser seitdem wie ein Uhrwerk oder eine Maschine funktioniert und abläuft und deshalb bis ins Letzte berechenbar und im Grunde voraussagbar bleibt, ist doch sehr beruhigend. Es scheint dann letztlich nur eine Frage der Zeit, „bis die Wissenschaft so weit ist“.

In diesem letzten Teil des Buches werden wir uns noch einmal näher mit verschiedenen, die Synchronizität auch wissenschaftlich begründenden Tatsachen befassen, um sie neben den persönlichen Erlebnissen auch genauer auf ein sachliches und rationales Fundament zu stellen, das schließlich wieder in einen großen

Gesamtzusammenhang, den C. G. Jung als Unus mundus bezeichnet hat, einmünden wird, in das „ewige Nun" von Meister Eckehart, ein Zugang, den auch die moderne Physik heute sucht und findet. Dort heißt er allerdings „Weltformel" oder „große vereinheitlichende Theorie".

Im Einzelnen geht es noch einmal um das gewohnte Denkmodell der Kausalität und seine Grenzen, dann um die Begründung der nicht kausal bedingten Zusammenhänge, die mit den vielfachen Experimenten zur außersinnlichen Wahrnehmung bewiesen sind. Sie stellen eine wesentliche Grundlage der Definition der Synchronizität dar, die allerdings immer wieder angefochten worden ist.

Nach einem kurzen Blick auf einen Vorläufer der Synchronizität – das Gesetz der Serie – stellen wir die Synchronizität zusammenfassend vor dem Hintergrund wissenschaftlichen Nachdenkens mit weiteren spannenden Beispielen dar.

Bei der Beschäftigung mit den Ausdrucksformen und Verhaltensweisen der Seele befindet man sich in verschiedenen Grenzbereichen der Wissenschaften und anderer Möglichkeiten der Erkenntnis. Bei vielen Menschen, besonders bei älteren, stellt sich die Frage nach dem Sinn des Lebens und dem Gottesbild, das ihr Leben, bewusst oder unbewusst, mit geprägt hat. Als deren Begleiter sieht man sich dann auch theologischen und religionswissenschaftlichen Fragen gegenüber, welche die eigene fachliche Kompetenz überschreiten.

So erging es C. G. Jung, als er sich über viele Jahre mit Synchronizitäten befasste und nach geeigneten Möglichkeiten des Verstehens und der Begrifflichkeit suchte. Ausgehend von eigenen und vielen Erfahrungen mit seinen Patientinnen und Patienten aus aller Welt, kam er rasch in den Grenzbereich von Psychologie und Physik. Besuche von Albert Einstein und eine jahrelange Zusammenarbeit mit dem Physiker und Nobelpreisträger Wolfgang

Pauli halfen ihm bei den Formulierungen grundlegender Annahmen. Und die Begegnung mit dem Sinologen Richard Wilhelm, dem Übersetzer des alten chinesischen Weisheitsbuches „I-Ching", verdankte er tiefgreifende Einsichten in die Welt- und Lebensauffassung der Chinesen, in denen die Synchronizität eine grundlegende Rolle spielt.

Es ist ein seltener Glücksfall in der Geschichte der Wissenschaften, dass so prominente Forscher wie C. G. Jung und Wolfgang Pauli über viele Jahre zusammengearbeitet haben. Pauli gehörte zu der Gruppe um Niels Bohr und Werner Heisenberg, denen die Entwicklung der modernen Physik entscheidend mit zu verdanken ist. So vereinigen sich im Nachdenken um die Synchronizität viele Linien modernen Denkens bis hin zum Einbeziehen alter Traditionen. Deutlich formulierte es Wolfgang Pauli: „Es geht mir um die ganzheitlichen Beziehungen zwischen ‚Innen' und ‚Außen', welche die heutige Naturwissenschaft nicht enthält."[8]

Ihre gemeinsame Forschung repräsentiert schon das „Unteilbare Ganze" und die Idee der Komplementarität, mit der sich diese Forscher auseinandergesetzt, altes Wissen dabei in neues Gewand gekleidet haben. Die Idee der Komplementarität formuliert die Zusammengehörigkeit von zunächst gegensätzlich erscheinenden Teilen oder Komponenten zu einer Synthese, zu einem Ganzen. So könnte man die Grundidee der Synchronizität auch formulieren.

Synchronizität ist ein Ausdruck für die Unteilbarkeit des Ganzen und die Komplementarität oder Zusammengehörigkeit von zunächst widersprüchlich und unvereinbar erscheinenden Komponenten.

So stehen wir bei der Beschäftigung mit Synchronizitäten auf sicherem Grund, auch wenn die herkömmliche Meinung noch ganz einseitig dem kausalen Weltverständnis verhaftet ist. Es gibt wissenschaftliche Grundlagen, vielfältige empirische Belege aus dem persönlichen Erleben, die sich gerade auf das beziehen, was die wissenschaftliche Diskussion bisher offen ließ, und sie vermittelt Zugang zu der großen und schwierigen und doch so aktuellen Sinnfrage. Denn der Sinn verbindet die beiden, in der Gleichzeitigkeit sich vereinigenden Ereignisreihen, die jede für sich kausal, in ihrem Zusammentreffen zum gegenwärtigen Zeitpunkt aber nicht kausal bedingt sind. Das sinnstiftende Moment ist mit dem erlebenden Menschen verknüpft und auf ihn bezogen.

1. Kapitel
Das Prinzip von Ursache und Wirkung

Synchronizität darf jedoch nicht unabhängig von der Kausalität gesehen, geschweige denn absolutiert werden. Deshalb befassen wir uns im folgenden Abschnitt noch einmal mit der umfassenden Theorie von Ursache und Wirkung.

In früheren Jahrhunderten sah man die Welt noch als einen einheitlichen großen Organismus, hervorgegangen aus der Hand des Schöpfers. Mit der zunehmenden Entwicklung, vor allem der Naturwissenschaften, eröffneten sich bis dahin ungeahnte Möglichkeiten der Forschung. Man erkannte, dass die Welt nach bestimmten Gesetzen funktioniert, verstand die Zusammenhänge von Ursache und Wirkungen und kam zu dem Schluss, dass für alles, was existiert, eine bedingende Ursache vorhanden ist oder, wie man später annahm, vorhanden sein muss, auch wenn sie noch unbekannt ist. Die Suche nach bislang unbekannten Ursachen hat Forscher immer wieder neu fasziniert und von Erfolg zu Erfolg geführt. So ist es nicht verwunderlich, ja eigentlich zwangsläufig, dass das Kausalitätsprinzip zum alleinigen und alles beherrschenden Erklärungsprinzip wurde. Die Ergebnisse sind einfach völlig überzeugend. Allerdings wurde damit alles in den Bereich des Aberglaubens verwiesen, wenn Zusammenhänge angenommen wurden, die keine erkennbaren Ursachen haben. Die Annahme war und ist, dass die Ursachen noch nicht bekannt sind, aber sicher noch gefunden werden.

Die Kausalität bestimmt unser Leben

Die Warum-Fragen der Kinder weisen genau in diese Richtung. Sie fragen nach der Ursache von allem zwischen Himmel und Erde und bringen ihre Eltern damit oft in Verlegenheit. Das zeigt, wie zentral wichtig die Frage nach den Ursachen und Wirkungen in unserem Leben ist.

Als Grundlage der weiteren Überlegungen sei David Bohm zitiert: „Ich möchte sagen, dass die so weit verbreiteten Unterschiede zwischen Völkern (Rassen, Nationen, Familien, Berufen usw.), die die Menschen daran hindern, zum gemeinsamen Wohl - und tatsächlich schon zum bloßen Überleben - zusammenzuarbeiten, eine ihrer Hauptwurzeln in jener Denkweise haben, welche sich Dinge als an und für sich getrennt, unverbunden und ‚zerstückt' in noch kleinere Bestandteile vorstellt. Jeder Teil gilt als wesentlich unabhängig und für sich selbst existierend."[9]

Damit trifft er das Kernelement der Kausalität, allerdings schon mit kritischem Kommentar. Es zeigt sich auch hier, welch weitreichende Konsequenzen solche Erklärungsmodelle haben. Für dieses Erklärungsprinzip bestehen der Lebensprozess und die physikalische Welt letztlich aus einer unendlichen Reihe von kleinsten Teilchen, die sich unabhängig voneinander aneinander reihen, jedes die Ursache oder Folge der anderen. So werden alle Bewegungen ausgelöst, ähnlich wie bei einem rangierenden Eisenbahnzug, dessen Wagen von der Lokomotive angestoßen werden und so in Bewegung kommen. Dieses Bild wird immer wieder herangezogen.

Isaac Newton hatte sich die Welt als prinzipiell berechenbar vorgestellt. Mit seinen Bewegungsgesetzen verlieh er der Kausalität eine streng mathematische Grundlage. „Nach seiner Mechanik können der Weg eines Körpers und alle Stöße, die noch auf ihn einwirken, exakt vorhergesagt werden, wenn seine Anfangsbedingungen – insbesondere seine Anfangsgeschwindigkeit, seine Masse und die Art der Kräfte, die auf ihn einwirken – bekannt sind ... Man muss lediglich die Bewegungsgleichungen jedes der beteiligten Körper lösen, und schon stellt man fest, wie unausweichlich ihre Bahnen und Zusammenstöße dafür gesorgt haben, dass sie sich zu einem bestimmten Muster im Raum zusammenballen."[10] Hätte Newton am ersten Schöpfungstag neben Gott gestanden und ihn nach den Anfangsbedingungen fragen können, dann hätte er jedes Folgeereignis im Universum voraussagen können.

Dies ist eine wahrhaft gigantische Vision. Überlässt man sich ihr für einige Augenblicke, so wird sofort verständlich, welche immense Wirkung diese Auffassung und Begründung der Kausalität über die Jahrhunderte hinweg bis heute hat und welche Allmachtsphantasien wir Menschen daran knüpfen können. Es scheint wirklich alles erklärbar und damit letztlich auch machbar zu sein. Und trotzdem: schauen wir nur ebenso kurz auf die nicht übersehbare Komplexität unseres Körpers und seiner Funktionen, so wird dabei klar, dass die Anfangsbedingungen nicht zu definieren, die Folgen nicht zu berechnen sind. Das kausale Modell bleibt eine Idealvorstellung.

Ähnliches gilt für die zwischenmenschlichen Beziehungen, die wir kaum je genau vorhersehen und -sagen können. Keine Ehe verläuft so, wie es sich das Paar besten Willens am Anfang vorgestellt hat. So bietet die Kausalität nur teilweise eine hilfreiche Orientierung, diese allerdings immer wieder, wie z. B. die Beschäftigung mit der persönlichen Lebensgeschichte zeigt. Die prägenden Einflüsse des Elternhauses, die Einstellungen und Charaktere von Vater und Mutter – sogar schon vor der Geburt –, die Stellung in der Geschwisterreihe, die Dynamik der Familie, traumatisierende Erlebnisse in der Kindheit und im späteren Alter, gesellschaftliche, politische, religiöse Faktoren, dies alles sind Ursachen und Wirkungen, die das persönliche Leben geformt haben.

Wir wachsen mit dem Kausalitätsprinzip auf. Schon als Kinder lernen wir, dass wir uns die Finger verbrennen, wenn wir einer Flamme zu nahe kommen. Unsre Erziehung folgt immer wieder dem „Wenn-Dann-Prinzip“:

„Wenn du wieder lieb bist, bekommst du deinen Nachtisch, bevor du ins Bett musst.“ „Wenn du eine gute Note schreibst . . ., wenn du zu früh eine Freundin, einen Freund hast . . ., wer nicht hören will, muss fühlen . . .“ Auch als Erwachsene stellen wir uns manchmal vor, wie anders unser Leben verlaufen wäre, wenn die anderen Menschen, unsere Partner und Arbeitskollegen nicht so wären, wie sie nun einmal sind. Junge Männer und Frauen überlegen lange, wie sie sich „stylen“ müssen, um auf das andere Geschlecht den gewünschten Eindruck zu machen. Junge Eltern machen sich viele Gedanken darüber, was in der Erziehung ihrer Kinder richtig oder falsch ist, lesen Bücher, besprechen sich mit Freunden. Sie denken an die Folgen der eigenen erlebten Erziehung und möchten die Fehler ihrer Eltern unbedingt vermeiden. Auch dies wieder in der Hoffnung, günstige Ursachen für wünschenswerte Folgen zu schaffen.

Der ganze Lebenslauf lässt sich unter dem Aspekt von Ursache und Wirkung analysieren. „Weil wir damals flüchten mussten . . .“, „weil mein Vater so früh verstarb . . .“, „weil wir immer so wenig Geld hatten . . .“, „weil ich in einer Gastwirtschaft aufgewachsen bin . . .“, „weil ich Einzelkind bin . . .“, „weil ich so viele Geschwister oder nur Brüder hatte . . .“ usw.

Und nicht zuletzt geistern vielleicht in unseren Köpfen immer wieder gehörte bedrohliche Sprüche herum wie: „Vögel, die am Morgen singen, frisst am Abend die Katz“ oder „Wenn es dem Esel zu wohl ist, geht er aufs Eis“. Oder wir stehen unter dem Einfluss von Zuschreibungen und Vorhersagen wie: „Du bist genauso unbeholfen wie dein Vater“ oder „Aus dir wird mal was ganz Besonderes“. Die Moral von der Geschicht‘ bezieht sich immer auf die fast magische Wirkung des Ursache-Wirkungs-Zusammenhangs, wir stehen wie unter einem absoluten und unausweichlichen Diktat. Dieses Denkmodell prägt unser ganzes Leben.

Tennisbälle, Billardkugeln und 10 hoch 25 Moleküle

Schon der Versuch, die Bahn eines Tennisballes exakt zu berechnen, scheitert an der fast unendlichen Anzahl von möglichen Einflussgrößen. Da ist nicht nur die Handbewegung des Spielers mit all ihren Feinheiten und Variationen, die nicht vorhersehbar sind. Theoretisch kann man natürlich behaupten, dass, wenn man alle Muskelbewegungen, die Blutzufuhr, die verschiedenen psychischen Komponenten und den Tageslauf des Spielers kennen würde, man diese Bewegungen genau vorhersehen könnte. Nur ist allein das schon völlig unmöglich. Hinzu kommen aber weitere Faktoren, welche die Bahn des Balles bestimmen: Windstärke und Windgeschwindigkeit, Helligkeit des Tageslichts, Sehfähigkeiten des Spielers, Luftfeuchtigkeit und -widerstand, Geschwindigkeit des Balles, sein Gewicht, die Lufttemperatur, die an verschiedenen Stellen des Spielfeldes unterschiedlich sein kann, usw.

Prinzipiell sagt das zwar noch nichts gegen die Kausalität aus. Doch sie kommt dann an ihre Grenzen, wenn wir sie bis dahin ausloten, wo sie nur noch theoretisch relevant ist. Das sah auch Galilei, der die Bewegungen von Kugeln auf einer schiefen Ebene beobachtete. Sie kamen auf der Ebene am Ende der abschüssigen Bahn zum Stillstand. Galilei erkannte, dass die Kugeln durch Reibung und Luftwiderstand schließlich zum Stillstand kamen, aber ewig weiterrollen würden, wenn man Luftwiderstand und Reibung ausschalten könnte. Sie können aber nur in Gedankenexperimenten und in der abstrakten Welt der mathematischen Physik, nicht in der Praxis ausgeschaltet werden. „Die Kausalität in der Physik ist somit eine Idealisierung - eine Realität, die nur in der Welt der Gleichungen und Computersimulationen existiert.“[11]

Ähnlich ist es beim Billardspiel. Auch hier sind es kleinste und völlig unbewusste Veränderungen in der Bewegung des Spielers, die den Lauf der Kugel ganz entscheidend beeinflussen und bestimmen, ob sie das gewünschte Ziel erreicht.

Geht man noch einen Schritt weiter und versucht, sich die Bewegungen von 10 hoch 25 Molekülen in einem Gas vorzustellen, so wird es schier aussichtslos, auch nur noch einen winzigen Bruchteil der Bewegungen und Zusammenstöße vorauszusagen. Man kann sie sich weder vorstellen noch mathematisch berechnen. Vor dieser Situation stehen die Physiker, welche die Natur genau beobachten. Bedenkt man weiter, dass das Wort „Beobachter“ eigentlich durch „Teilnehmer“ ersetzt werden sollte, so ist der Weg offen für neue Einflussgrößen und neue Modelle der Welt. Der teilnehmende Wissenschaftler bringt Voraussetzungen mit, die zwar auch ursächlich einwirken, aber keinesfalls allein. So kam man zu der Auffassung eines Netzwerkes, das letztlich die ganze Erde und das ganze Universum umspannt und in dem Satz mündet, dass alles alles andere verursacht. Man geht dann davon aus, dass sich die Fülle der Ereignisse aus einem kontinuierlichen Hintergrund entfalten und dass die Muster und Ereignisse der Natur Ausdruck einer zugrunde liegenden einheitlichen Form sind. „Kurz vor seinem Tode erklärte Werner Heisenberg, der Begründer der Quantentheorie, das wahrhaft Grundlegende in der Natur seien nicht die Teilchen selbst, sondern die Symmetrien, die ihnen zugrunde liegen. Diese grundlegenden Symmetrien könnte man sich als die Archetypen aller Materie und als den Urgrund aller materiellen Existenz vorstellen. Die Elementarteilchen wären einfach *materielle Verwirklichungen* dieser ihnen zugrunde liegenden Symmetrien."[12]

So kommt Peat zu der Auffassung, dass Synchronizitäten „durch die Einheit des Universellen mit dem Besonderen von gleichzeitigen Ereignissen charakterisiert sind"[13].

Aus dieser grundlegenden Symmetrie an der Basis der Materie und damit des Lebendigen lassen sich die Gleichzeitigkeiten problemlos ableiten. Es ist eine wohl völlig neue und doch dem Erleben und der heutigen Theorie verbundene Sicht, die nicht nur als Abstraktion im Kopf des Wissenschaftlers und seiner Simulationen existiert. Sie verbinden Materie und Geist, sind vielleicht sogar eine Theorie des Geistes. Wenn man überhaupt in seinen Formulierungen so weit gehen will, erfordert diese eine viel flexiblere Auffassung der Welt und der Materie, als sie die mechanischen Weltgesetze, die Newton formuliert hatte, je bieten können. Als Einzelner so mit dem Grund unserer Welt verbunden zu sein, eingeordnet in die großen Symmetrien, ist ein faszinierender Gedanke. Die Verbindungen zu den alten Traditionen, die das „Große Eine" zum Mittelpunkt des Universums machten, sind offensichtlich. Also muss auch die Psyche in jene Tiefen hinab- oder hineinreichen, aus denen das Universum – wahrscheinlich – hervorgegangen und sich alles entfaltet hat. Innen und Außen begegnen sich.

Zu erwähnen ist in diesem Zusammenhang auch die Chaostheorie, die mit ihrer Ansicht, dass gerade im Chaos eine verborgene Ordnung existiert, weitere Ansätze zum Verständnis der Synchronizität anbietet. Die Synchronizitäten sind ja gerade solche verborgenen Muster, die in jenen kleinen Erleuchtungen des synchronistischen Erlebens sichtbar werden, zum großen Nutzen des Erlebenden.

2. Kapitel
Im Umkreis der Synchronizität

Der österreichische Biologe Paul Kammerer sammelte um die Jahrhundertwende viele Beispiele von Gleichzeitigkeiten oder Koinzidenzen und ungeklärten Zufällen. Kammerer formulierte zwar u. a. ein „Gesetz der Serialität" als Erklärungsversuch, aber auf die Möglichkeit von bedeutsamen und sinnvollen Zufällen wies er nicht hin.

Er beschrieb folgendes Ereignis:

Seine Frau las 1916 den Roman „Michael", in dem eine Frau Rohan auftauchte. Als sie an jenem Tag eine Straßenbahnfahrt machte, sah sie einen Mann, der dem Fürsten Josef Rohan sehr ähnlich sah, und hörte ihn über das Dorf Weißenbach sprechen. Später, immer noch am selben Tag, wurde sie von einer Verkäuferin gefragt, ob sie vielleicht Weißenbach kenne, denn sie habe etwas dorthin zu senden und wisse die postalische Anschrift nicht genau. Am gleichen Abend stattete Fürst Rohan den Kammerers einen Besuch ab.[14]

Gleichzeitigkeiten

Spektakulärer noch ist folgendes Beispiel, das Kammerer sehr beschäftigte und das auch von Jung zitiert wird. Es ist die sehr merkwürdige Geschichte von Monsieur de Fortigbu und seinem Weihnachtspudding. Ein gewisser Monsieur Dechamps erhielt, als er noch ein Junge war und in Orléans lebte, von einem gewissen

Monsieur de Fortigbu ein Stück Plumpudding. Zehn Jahre später entdeckte er in einem Pariser Restaurant einen anderen Plumpudding und fragte, ob er davon ein Stück haben könnte. Man antwortete ihm jedoch, dass der Pudding schon bestellt worden sei, von einem Monsieur de Fortigbu. Viele Jahre später wurde Dechamps eingeladen, an einem besonderen Plumpudding-Essen teilzunehmen. Er bemerkte gegenüber seinen Freunden beim Essen, dass das Einzige, was jetzt noch fehle, Monsieur de Fortigbu sei. In diesem Moment ging die Tür auf, und ein sehr alter Mann trat ein. Es war Monsieur de Fortigbu, der eine falsche Anschrift erhalten hatte und versehentlich in diese Gesellschaft geraten war.[15]

Kammerer hat eine Sammlung solcher Merkwürdigkeiten und Zufälle angelegt, sich aber die weitere Frage nach einem ihnen innewohnenden Sinn nicht gestellt. Aber nur dieser unterscheidet diese Zufälle von den Synchronizitäten, ein Problem, von dem auch Karl Valentin fasziniert war, wie wir es im „Ersten Lichtblick" geschrieben haben. Die Ideen Kammerers sind in der Wissenschaftsgeschichte weitgehend unbekannt geblieben. Seine theoretischen Begründungen sind schwer nachvollziehbar, aber er hat immerhin eine erste Klassifikation solcher Ereignisse versucht und damit zu weiteren Untersuchungen angeregt. Einstein äußerte sich über Kammerers Gedanken positiv, er nannte sie „originell und in keiner Weise absurd"[16].

Das Gesetz der Serialität

C. G. Jung bezieht sich auf Kammerers Gesetz der Serialität, als sich bei ihm innerhalb von 24 Stunden das Thema „Fisch" sechsmal wiederholte in Form von Patientenbildern, seiner Arbeit am Fischsymbol, von der niemand etwas wusste, einer ihm gezeigten Stickerei, die ein Meeresungeheuer darstellte, und dem Traum einer Patientin, die er viele Jahre nicht gesehen hatte. Er kommt zu dem Ergebnis: „Die Numinosität einer Zufallsserie wächst proportional der Anzahl ihrer Glieder.“[17]

Abschließend und hinführend zur faszinierenden Welt der Synchronizitäten sei noch ein Erlebnis von Charles Dickens angeführt, das ebenfalls nicht auf Sinnzusammenhänge verweist – zumindest wissen wir nichts darüber, was sich Charles Dickens dabei gedacht oder vorgestellt hat.

Er träumte, er befände sich in einem Raum, in dem jeder scharlachrot gekleidet war. Er stolperte gegen eine Dame, die mit dem Rücken zu ihm stand. Als er sich entschuldigte, wandte sie sich um und sagte ohne jeden Grund: „Mein Name ist Napier.“ Er kannte niemanden, der Napier hieß, und auch das Gesicht war ihm unbekannt. – Zwei Tage später, vor einer Lesung, trat eine Freundin in den Warteraum, begleitet von einer unbekannten Dame in einem scharlachroten Theatermantel, die, so seine Freundin, fest entschlossen war, ihm vorgestellt zu werden. „Doch nicht etwa Miss Napier?“ fragte er scherzend. „Doch, Miss Napier.“ Obgleich das Gesicht seiner Traumgestalt nicht dem Gesicht von Frau Napier glich, war die Gleichzeitigkeit des Theatermantels und des Namens eindrucksvoll.[18]

Beim Lesen dieser drei Beispiele spürt man sofort, dass Gleichzeitigkeit allein nicht befriedigend ist. Jeder, der solche Dinge erlebt, wird sich fragen, was das wohl zu bedeuten habe. Dass es einfach so ohne weiteren Sinn geschieht, mag man sich spontan nicht vorstellen. So verwundert es nicht, dass auch Wissenschaftler diesen Phänomenen nachgegangen sind, allen voran Carl Gustav Jung und Wolfgang Pauli.

Experimente mit außersinnlicher Wahrnehmung sind insofern eine weitere Hinführung zur Synchronizität: Sie bestätigen die von Jung später beschriebene Elastizität von Raum und Zeit und führen genau dahin, wo Synchronizitäten ihren „Ort“ in unserem Erleben haben, wo wir die gewohnten Kategorien von Zeit und Raum hinter uns lassen, die Zeit stillsteht und der Raum leer ist. Erst der persönliche Zugang zu dieser Erlebnisdimension eröffnet die wunderbaren Möglichkeiten, die, für jeden zugänglich, damit verbunden sind.

Synchronizitäten sind eine phantastische Möglichkeit der Bereicherung des Lebens, schon im Alltag.

Elastizität von Zeit und Raum

Zeit und Raum sind relativ. Wer hat es nicht erlebt, dass Minuten zu Ewigkeiten werden und glückliche Stunden viel zu schnell, wie im Flug vergehen. Auch wenn die Uhr ganz gleichmäßig tickt – unser Erleben spricht eine andere Sprache, beides stimmt.

Schon immer hat man sich damit beschäftigt, ob wir etwas sehen oder voraussagen, was wir „eigentlich" nicht wahrnehmen können.

Der amerikanische Psychologe J. B. Rhine hat mit seinen sorgfältig wissenschaftlich kontrollierten und mehrfach wiederholten Experimenten zur „Extra Sensory Perception" (ESP), zur außersinnlichen Wahrnehmung, den entscheidenden Beweis für das Vorhandensein akausaler Ereignisverknüpfungen erbracht. Er und seine Mitautoren haben allerdings noch nicht die weitreichenden möglichen Schlüsse gezogen, das blieb C. G. Jung in der Zusammenarbeit mit Wolfgang Pauli vorbehalten. Es sei hier noch einmal daran erinnert, dass die Akausalität die entscheidende Grundlage der Synchronizität ist.

Das Experiment von Rhine besteht darin, dass der Versuchsleiter aus einem Stapel von 25 Karten jeweils eine abdeckt und die Versuchsperson, die sich räumlich von ihm getrennt befindet, angeben muss, um welche Karte es sich handelt. Je 5 Karten tragen das gleiche geometrische Muster, einen Stern, ein Rechteck, ein Kreuz, einen Kreis oder zwei Wellenlinien. Dem Versuchsleiter ist die Reihenfolge der Karten unbekannt. Viele Versuche verliefen negativ. Trotzdem war das Durchschnittsresultat 6,5 Treffer, es lag deutlich über der Wahrscheinlichkeit von 5 Treffern. Die Wahrscheinlichkeit, dass eine Zufallsabweichung von 1,5 Treffern von der Zahl 5 eintritt, beträgt 1 zu 200000. Die individuellen Resultate variieren natürlich je nach der spezifischen Begabung der Versuchsperson. Ein junger Mann, der in zahlreichen Versuchen durchschnittlich 10 Treffer auf 25 Karten erzielte, las einmal alle 25 Karten korrekt, was einer Wahrscheinlichkeit von 1 zu 298 023 223 876 953 125 entspricht, also über jeden Zweifel erhaben ist. Hinzu kommt, dass eine Apparatur die Karten automatisch mischte, so dass eine Einwirkung des Versuchsleiters völlig ausgeschlossen war. So weit also der Beweis des akausalen Angeordnetseins.

Weitere Versuche wurden mit großer räumlicher Distanz zwischen Versuchsleiter und Versuchsperson durchgeführt, sowohl über 350 und sogar 1344 und etwa 5000 km zwischen North Carolina in Amerika und Zagreb in Kroatien. Die Uhren waren synchronisiert. Es ergaben sich immer positive Ergebnisse, die Trefferquoten lagen oft hoch über der zu erwartenden Trefferwahrscheinlichkeit. Sie lagen bei räumlicher Trennung in verschiedenen Zimmern bei 11,4, im gleichen Zimmer bei 9,7, und bei 12,0, wenn sich die Versuchsperson zwei Zimmer weiter befand.

Mit diesen Ergebnissen ist es äußerst wahrscheinlich, dass die Entfernung keinen Einfluss auf die Ergebnisse hat, es kann sich also keinesfalls um eine Energie- oder Kraftübertragung handeln. Der Raum ist eine relative Größe.

Auch die Zeit scheint kein Hindernis darzustellen. Es sollte in weiteren Versuchen eine erst noch zu ziehende Karte abgelesen werden, sie lag also nicht offen zutage. Die Wahrscheinlichkeit dieser von Rhine mitgeteilten Ergebnisse betrug hier 1 zu 400 000, eine wirklich beachtliche Wahrscheinlichkeit für das Vorhandensein eines von der Zeit unabhängigen Geschehens.

Selbst im Bereich von Quantenprozessen ist die Fähigkeit zur Präkognition nachgewiesen worden. So sollte vorhergesagt werden, welche von vier Lampen, vor denen die Versuchspersonen saßen, als nächste aufleuchten würde. Insgesamt wurden 63 066 Einzelversuche durchgeführt, die Antizufallswahrscheinlichkeit war größer als 1 zu 500 000 000, in einer anderen Versuchsreihe 10 Milliarden zu 1.[19]

Nach diesen Ergebnissen können wir von einer psychischen Relativität der Zeit und des Raumes ausgehen, Zeit und Raum verhalten sich der Psyche gegenüber sozusagen elastisch, wie C. G. Jung es zusammenfassend beschreibt und wie wir es in den Synchronizitäten erleben.[20]

Diese Ergebnisse mögen hier genügen, um die Sicherheit der Annahme nicht kausal verknüpfter Ereignisketten oder akausaler Ereignisse, wie Jung sie nennt, zu belegen und die damit grundlegend verbundenen Synchronizitäten zu untermauern. Der weitere Schritt, den C. G. Jung aus guten empirischen Gründen wagte, war die Annahme einer inneren Sinnbezogenheit dieser Ereignisketten und damit die Einbeziehung des Subjekts, der Person in dieses Geschehen. Dies ist ein revolutionierender Gedanke, ist doch das Subjekt, das Subjektive immer ausgeklammert und verachtet gewesen und jetzt erst in der neueren Physik wieder mit einbezogen worden. Wir sind nicht Beobachter, sondern Teilnehmer.

Angesichts dieser anzunehmenden Elastizität von Zeit und Raum erweitert sich auch das Konzept der Synchronizität. Das von Jung geprägte Wort für die sinnvollen Gleichzeitigkeiten legt nahe, dass es sich um punktuelle Gleichzeitigkeiten handeln muss. Die beiden Ereignisketten müssen genau zeitgleich zusammentreffen. Nun gibt es aber Erlebnisse, die zeitlich u. U. weit auseinander liegen, vom Erlebenden aber dennoch als sinnvoll zusammengehörig gesehen werden. Wir rechnen sie ebenfalls zu den Synchronizitäten im Sinne der elastischen Zeitvorstellung und in Verbindung mit dem Sinnerleben des Betroffenen.

Wir möchten in diesem Zusammenhang noch einmal auf das schon geschilderte Erlebnis mit dem alten Buchwagen in Berlin zurückkommen. Es handelt sich nach bisherigem Verständnis sicher nicht um eine Synchronizität im engeren Sinne. Man kann sich ja auch einen kausalen Zusammenhang vorstellen, denn die Wunschvorstellung von damals könnte auf den weiteren Verlauf des Lebens konstellierend gewirkt und das Verhalten so beeinflusst haben, dass der Wunsch in Erfüllung ging. Doch müssten hier Faktoren zusammengespielt haben, die im Einzelnen weder vorhersehbar noch direkt beeinflussbar und kaum kausal aufeinander beziehbar waren. Die Kausalreihe kann ausgeschlossen werden.

Zum anderen lässt sich die Frage der Gleichzeitigkeit auch im Zusammenhang mit dem erweiterten Zeitbegriff im Sinne einer psychischen Elastizität der Zeit sehen, wobei das persönliche Sinnmoment ausschlaggebend bleibt. Die Zeit erweitert sich, der Sinn bleibt.

Das Leben umspannende Gleichzeitigkeiten

Es ist auffallend, dass Vorstellungen, Wünsche und Ideen, die Kinder schon früh haben, Themen bestimmen, die sie als Erwachsene immer wieder beschäftigen. „Was ist Ewigkeit", fragte sich ein sechsjähriges Mädchen immer wieder, und sie schreibt als erwachsene Frau heute in diesem Buch und an anderen Stellen über die Zeit. Von Yehudi Menuhin, dem berühmten Violinisten, ist bekannt, dass er in seiner Kindheit ein Erlebnis hatte, in dem er die Sinnlosigkeit erkannte, die sich in den Gesichtern der Erwachsenen spiegelte, die gerade an ihm vorbeigingen. Er entschloss sich, dieser Sinnlosigkeit etwas Stärkeres entgegenzusetzen: sein Violinspiel. Und David Bohm berichtet von sich: „Wenn ich so zurückblicke, sehe ich, dass ich bereits als Kind von dem Rätsel, ja dem Geheimnis fasziniert war, was das Wesen von Bewegung sei . . . Wenn man sich die Frage nach dem Wesen der Bewegung sowohl im Denken als auch im Objekt des Denkens stellt, so stößt man unweigerlich auf das Problem der Ganzheit."[21]

So gesehen umspannen weiträumige Gleichzeitigkeiten unser Leben und machen seine Ganzheit mit aus.

Synchronizitäten bilden als weit gespannter Rahmen der Zeit die Ganzheit eines Lebens ab.

Wir können noch einen Schritt weitergehen. Nicht nur in unserer Zeit und besonders in der heutigen Psychotherapie spielen die Familie und ihre Dynamik eine wichtige Rolle. Hier sind viele Einflüsse gleichzeitig und nacheinander am Werke. Eltern und Voreltern sind in uns wirksam, die ganze Ahnenreihe ist in uns und gleichzeitig wirksam. Im Ahnenkult der asiatischen Länder ist es selbstverständlich, den Ahnen Respekt und Opfer darzubringen, denn sie sind immer gleichzeitig mit in unserem Leben vertreten. Was ich in meiner persönlichen vertiefenden Meditation tue, bewirke ich gleichzeitig für sie. Jeder neugeborene Mensch reiht sich in die Ahnenreihe ein, sie ist immer präsent. Uns sind diese Ideen fremd, vielen Millionen Menschen des Ostens aber selbstverständlich. Man hat es auch einmal so ausgedrückt: „Wir sind viele" und die immer gleichzeitig. Auch wenn es außerhalb der Reichweite unseres Erlebens liegen mag, wir nähern uns einer neuen und erweiterten Gesamtperspektive des familiären und gesellschaftlichen Lebens an. Die Gedenktage der Opfer der Kriege, das Gedenken der Toten gehören eigentlich auch hierher und bestätigen diese Gedanken zu einer erweiterten Synchronizität.

Den gegenwärtigen Moment zu berühren, bedeutet nicht, Vergangenheit und Zukunft abzulegen. Wenn man den jetzigen Moment berührt, erkennt man, dass die Gegenwart aus der Vergangenheit hervorgeht und die Zukunft schafft. Den gegenwärtigen Augenblick berührend, berührt man zugleich Vergangenheit und Zukunft. Man berührt in weltumfassender Weise die Unendlichkeit der Zeit, die endgültige Dimension der Realität. Wenn man eine Tasse Tee sehr aufmerksam trinkt, berührt man den gegenwärtigen Moment wie alle Zeit überhaupt.

Synchronizitäten umspannen und verbinden viele Generationen.

3. Kapitel
Wolfgang Pauli und C. G. Jung – Wegbereiter der Synchronizität

Der schon erwähnte Physiker und Nobelpreisträger Wolfgang Pauli ist einer der markantesten und berühmtesten Forscher der modernen Physik, dessen Originalität und extrem klare Kritikfähigkeit ihm auch den Beinamen „Mephisto der Physik" und „Der schreckliche Pauli" eingebracht haben. Er arbeitete eng mit Albert Einstein, Werner Heisenberg und Niels Bohr zusammen. Schon als 21-Jähriger hat er eine grundlegende Arbeit zur Relativitätstheorie geschrieben. Sie umfasst mehr als 200 Seiten und wurde von Einstein als ein reifes und groß angelegtes Werk sehr positiv beurteilt. Er würdigte „das psychologische Verständnis für die Ideenentwicklung, die Sicherheit der mathematischen Deduktion, den tiefen physikalischen Blick ... die Sicherheit der Kritik"[22]. Mit seinen Ideen zu Raum und Zeit, der Berechnung und dem Nachweis der Neutrinos, zum abstrakten Tanz der gesamten Natur auf der Quantenebene, dem nach ihm benannten Ausschließlichkeitsprinzip - nur ein einziges Elektron kann innerhalb eines Atoms zu einem gegebenen Zeitpunkt eine Umlaufbahn besetzen -, auch Pauli-Prinzip oder Pauli-Verbot genannt, war er für C. G. Jung der ideale Gesprächspartner. Denn beim Forschen im Bereich der psychischen Phänomene gerät man rasch in Grenzbereiche, welche die enge Zusammenarbeit mit Vertretern anderer Wissenschaftsbereiche erfordern.

Die Psyche als „unausgedehnte Intensität"

Wir sprechen von Seele oder Psyche, als wüssten wir genau, was das ist. Aber wir reden dabei über etwas, das noch weitgehend unbekannt ist, im persönlichen Leben aber völlig selbstverständlich. Seit je versteht sich der Mensch selbst als „Leib-Seele-Geist", das ist bis heute noch nicht anders. Jung, dem wir hier meist folgen, nimmt eine „psychische Intensität" an, derzufolge die Psyche als „unausgedehnte Intensität" aufgefasst werden könnte. Das ist zunächst ein recht ungewöhnlicher Gedanke. Aber zieht man nur die logischen Konsequenzen aus der beschriebenen Relativität von Zeit und Raum, bei denen diese fast gegen Null gehen können, d. h. eigentlich nicht mehr vorhanden und doch vorhanden sind, so bleibt nur die oft enorme Intensität des Erlebens. Da Psyche sicher nicht materiell vorgestellt wird, ist sie auch in diesem Sinn „unausgedehnt" und nicht mehrdimensional, wie alle bekannten und sich in der Zeit bewegenden Körper. So fragte er sich auch, ob wir die Raum-Zeit-Kategorien überhaupt aufgeben sollten, wenn es um psychische Realität geht, denn die Psyche ist kein sich im Raum bewegender Körper. Eine uns bekannte Parallele ist der Atomkern, auch da findet sich eine gegen Null gehende Ausdehnung oder Extensität, verbunden mit einer ungeheuren Energie oder Intensität.

Konzepte wie „Elastizität der Zeit und des Raumes" sind aber denknotwendig und inzwischen experimentell erwiesen, wenn wir die Synchronizitätserlebnisse auch theoretisch einordnen wollen, denn sie relativieren beides, Raum und Zeit, wie alle Beispiele zeigen.

Jung war sich dessen auch vollkommen bewusst. Er meinte, man müsse schon viel Mut aufbringen und die Voreingenommenheiten unserer gegenwärtigen Weltanschauung brüskieren, wenn man versuchen will, die Basis der Naturerkenntnis zu verbreitern. Und genau das ist mit dem der Kausalität gleichzustellenden Erklärungsprinzip geschehen, wie das von ihm und Pauli entworfene Modell zeigt.

Vielleicht ist es wirklich ein klärendes und weiterführendes Bild, dass wir durch eine für uns ganz persönlich geformte Tür in dieses Leben eintreten, uns dort so weit wie möglich entfalten und verwirklichen, mit den uns anvertrauten Pfunden so oder so wuchern, und dann durch die gleiche Tür diese Welt wieder verlassen, zurücktreten, hinübergehen in einen anderen Wirklichkeitsraum, den wir noch nicht kennen, über den es aber viele Visionen gibt. Die „unausgedehnte Intensität“ unserer Psyche wäre hierfür ein Denkmodell, das nahe liegt und Erklärungswert hat.

C. G. Jung, der sich über viele Jahre mit dem Problem der psychischen Ganzheit wie der Vereinigung der Gegensätze beschäftigt hat, erarbeitete mit Pauli ein Schaubild, das die hier mitgeteilten Gedanken und Fakten zusammenfasst und gewissermaßen eine Quintessenz ihres Denkens darstellt.

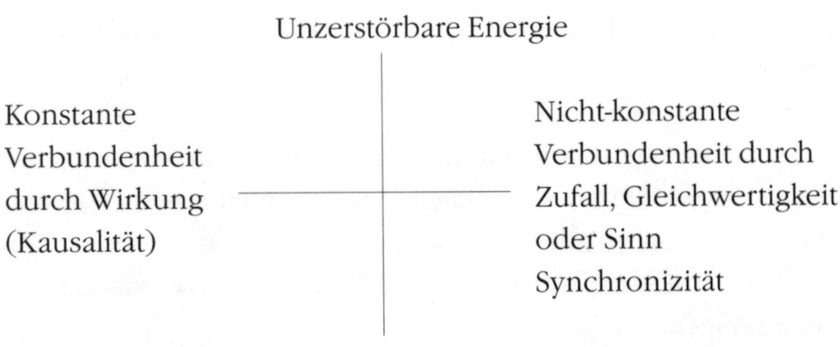

Damit ist der Versuch gewagt, ein ganzheitliches Bild zu entwerfen, bei dem der Sinn in ein Konzept der Natur einbezogen wird und damit neben den objektiven Gegebenheiten auch subjektive Werte, ja das Subjekt selbst, zu ihrem Recht kommen.

Und es sieht so aus, als sei ein Mensch, der sehr individuell ist, der sich nicht so sehr von kollektiven Leitbildern bestimmen lässt, sondern seinen subjektiven Werten folgt, besonders als Empfänger für Hinweise der objektiven Psyche geeignet.

Nun wäre es allerdings falsch, wenn man sich vorstellt, dass die objektive Psyche nur sehr ernsthafte, bedeutungsvolle Botschaften an das jeweilige Subjekt preisgibt.

Wolfgang Pauli ist ein interessantes Beispiel für das Spielerische, das in der objektiven Psyche ebenso enthalten ist wie das Ernsthafte.

Der „Pauli-Effekt"

Bekannt ist in diesem Zusammenhang der Pauli-Effekt: Überall, wo Pauli erschien, konnten sich merkwürdige Dinge ereignen. Man rechnete schon damit, dass Pauli nur ein Labor zu betreten brauchte, und ein Vakuumgefäß implodierte oder ein empfindliches Messinstrument zerbrach. Folgendes Ereignis beschreibt den berühmten Pauli-Effekt:

In einem Göttinger Labor zerbrach aus unerklärlichen Gründen bei einer Apparatur ein wertvolles und kompliziertes Teil. Sorgfältigste Nachprüfungen ergaben keine mögliche Ursache. Schließlich kam man, wohl eher scherzhaft gemeint, zu dem Schluss, das sei nur erklärlich, wenn Pauli in der Nähe gewesen wäre. Es war aber bekannt, dass Pauli in Zürich war. Näheres Nachfragen bei ihm ergab jedoch, dass er genau zu dem Zeitpunkt, als das Messinstrument zerbrach, auf dem Göttinger Bahnhof bei seiner Reise nach Kopenhagen umgestiegen war.

Es könnte eine lohnenswerte Studie sein, ähnliche „Fähigkeiten" auch bei anderen Menschen genau anzuschauen. Es wird immer wieder einmal berichtet, dass manche Menschen von eigenartigen Zufällen geradezu „heimgesucht" werden, dass ihnen auf unerklärliche Weise häufig Missgeschicke passieren, die anderen nie oder nur ganz selten unterlaufen. Und anderen Menschen, den „Glückspilzen", scheinen Erfolge und glückliche Zufälle geradezu nachzulaufen, ohne dass sie etwas dazu tun.

Auch ist es eine Tatsache, dass manche Menschen sehr oft Synchronizitäten erleben, andere wiederum gar nicht oder nur ganz selten. Sicher hat das etwas mit der entsprechenden Wahrnehmung dieses Menschen zu tun und mit der Bereitschaft, das Irrationale des Lebens genauso ernst zu nehmen wie das Rationale. Doch es scheint auch eine gewisse „Begabung" für derartige Phänomene vorzuliegen. Unseren Beobachtungen nach sind die Menschen, die über so eine Offenheit mit der objektiven Psyche verfügen, oft Personen, die sehr individuell leben, die man als „ganz eigene Persönlichkeiten" beschreibt oder die man – in der Jungschen Terminologie – individuiert nennt.

Über diese Verbindungen haben C. G. Jung und Wolfgang Pauli ganz eindeutig verfügt, deshalb fühlten sie sich wohl auch zueinander hingezogen.

Synchronizitäten und Selbstverantwortung gehören zusammen, ich bin und bleibe der Architekt meines Sinnes mit ihrer Hilfe. Sonst sind sie nur – vielleicht amüsante – Zufälle, weiter nichts. Eigentlich schade, wenn es so ist.

4. Kapitel
Die andere Dimension – Sinn

Jung war überzeugt, dass „Sinn existiert", was heute Physiker und Mathematiker ebenfalls so oder ähnlich formulieren. Damit hat er eine Grundthese in die wissenschaftliche und erkenntnistheoretische Diskussion eingeführt. Es gibt einen präexistenten Sinn, der sich im persönlichen Leben unter bestimmten Voraussetzungen, die zum Teil noch nicht erforscht sind, aber in einem hohen Maß angenommen werden können, manifestiert. Sinn ist zugänglich, nicht nur notwendig für ein gelingendes und glückliches Leben. So selbstverständlich dies erscheinen mag, vielfach bestätigt durch die Erfahrungen in der Psychotherapie, so umstritten ist diese Frage in der wissenschaftlichen Diskussion.

Jedoch ist eine solche Annahme heute sicher nicht mehr so abwegig, wenn wir bedenken, dass führende Mathematiker, wie z.B. Roger Penrose, feststellen: „Der springende Punkt ist, dass die mathematische Struktur einfach da ist in der Natur, die Theorie ist wirklich vorhanden dort draußen im All – sie wurde der Natur durch niemanden aufoktroyiert."[23] Er geht noch einen großen Schritt weiter, indem er feststellt, dass Einsteins Motivation, viele Jahre seines Lebens der Entwicklung der allgemeinen Relativitätstheorie zu widmen, sich nicht aus Beobachtungen oder Experimenten ergab, sondern dass die Theorie Einstein gefunden hat. Die Theorie ist eben einfach da, man könnte sagen: „Theorie existiert" und kommt damit der Jungschen Annahme schon sehr nahe. Wenn man dazu bedenkt, dass die Korrektheit der Einsteinschen Theorie bis auf einen relativen Fehler von 10 hoch –14 gesichert ist, also so sicher, wie man es sprachlich nicht mehr formulieren kann. Es lässt sich demnach sagen, dass die Theorie ihren Exponenten findet, der dafür offen, begabt und individuiert genug ist.

Das Subjekt wird wieder zum zentralen Bezugspunkt

Der Gedanke, das Subjekt, den einzelnen Menschen in diesen Zusammenhängen zu sehen, ist wirklich aufregend, da wir doch alle so erzogen sind, dass nur das Objektive Gültigkeit beanspruchen kann, alles „nur Subjektive" sei nicht relevant. Der Einzelne ist jedoch die Brücke zum Sinn, so ähnlich, wie auch das Wissen um die Zahl an das menschliche Bewusstsein gebunden ist. Wer sonst könnte über die „Schönheit einer Theorie oder einer Formel" eine Aussage machen? Penrose ist der Meinung, dass es sich bei Einsteins Theorie „mathematisch gesehen um eine außerordentlich schöne Theorie" handelt[24]. Beziehen wir den Sinn als Grundkategorie ein, wie es Pauli und Jung vorgeschlagen haben, so ist die Annahme dieser Schönheit zumindest plausibel, auch wenn es sich um verschiedene logische Kategorien handeln mag.

Für uns ist diese Einbeziehung des Subjekts in die grundlegenden Dimensionen der Natur ein extrem wichtiger Punkt, den die Synchronizität zu leisten vermag. Wenn wir Bohms Ideen bedenken, dass wissenschaftliche Grundmodelle weitreichende Folgen für Mensch und Gesellschaft haben, so gilt dies in besonderer Weise für die Synchronizität. Es ist, also ob dem Einzelnen seine Würde wiedergegeben würde, und hier eröffnet sich die ethische Perspektive der Menschenwürde auch in den Naturwissenschaften. Die Frage, warum der Wissenschaftsbetrieb diesen Tatbestand nicht nur ausklammert, sondern auch vehement bekämpft, ist noch nicht beantwortet. Es hat offenbar massive Ängste verursacht. Dies ist schon ein eigenartiger Widerspruch: wir sind Individuen und bekämpfen den subjektiven Faktor, also eine wesentliche Komponente unseres Geistes, mit allen Mitteln. In jeder wissenschaftlichen Diskussion sitzen einzelne Menschen zusammen und diskutieren ihre Hypothesen und Ergebnisse, verwerfen aber „alles Subjektive". Jeder der bisher genannten Wissenschaftler war ein Einzelwesen, ein Subjekt mit all seinen individuellen Besonderheiten.

Der Gedanke, auch im „objektiven" Wissenschaftsbetrieb auf die Synchronizitäten zu achten, die sich beim einzelnen Teammitglied und in der Arbeitsgruppe ereignen, ist eine aufregende und spannende Perspektive. Wann werden wir den Mut dazu haben, neben den sicher weiterhin sehr wichtigen Signifikanzen und anderen Werten diese Sinnmomente zu berücksichtigen und ebenso ernsthaft zu besprechen?

Das ist das Kernproblem jeder Kreativität, im kollektiven wie im individuellem Bereich. Synchronizitäten machen mir Mut, mich wieder mehr auf mich zu verlassen, was ich selbst denke und erlebe. Ich gehe dann davon aus, dass ich in zwei großen Kontexten lebe, dem der Kausalität, in dem ich die Ursachen und ihre Folgen in meiner Lebensentwicklung erkennen kann, und dem der Synchronizität, der mir Sinn vermittelt und mir hilft, mich in neue und größere Zusammenhänge einzuordnen, die mir wieder weitere Perspektiven eröffnen. Diese reichen sogar über den Tod hinaus, wie wir an einigen Beispielen zeigen konnten. Nicht nur Materie und Geist, Innen und Außen, auch Leben und Tod werden verbunden und transzendiert.

Eine präkarzinöse Hautveränderung

Im Leben einer Frau mittleren Alters macht sich der Tod bemerkbar. Doch über eine bemerkenswerte Synchronizität gewährt er ihr noch einen Aufschub.

Bei ihrer Morgentoilette stellt die Frau zum wiederholten Male kleine Hautveränderungen an ihrer Stirn fest und dachte dieses Mal, „wenn ich doch einen guten Dermatologen wüsste". Sie machte sich an diesem Morgen plötzlich größere Sorgen als bisher. Am Vormittag des gleichen Tages traf sie sich mit einem Kollegen zu einer Besprechung über ein aktuelles berufliches Thema – die beiden kannten sich schon länger und tauschten auch persönlichere Erfahrungen aus. Mitten im Gespräch zeigte der Kollege unvermittelt auf seinen Kopf und bemerkte, dass er keine Windpocken habe, sondern präkarzinöse Hautveränderungen. Zum Glück habe er eine sehr gute Hautärztin, die auch seine Frau mit einer ähnlichen, jetzt festgestellten Symptomatik behandle.

Das war der erlösende Hinweis, die Entscheidungshilfe für die Frau. Bei der rasch vereinbarten Konsultation wurde von der Ärztin ein winziger, noch kaum sichtbarer, aber ebenfalls präkarzinöser Herd festgestellt, vielleicht die Folge eines schon viele Jahre zurückliegenden Sonnenbrandes. So rechtzeitig erkannt sei er aber noch sehr gut zu behandeln, versicherte die Ärztin.

Sicher wäre dieser „Zufall" vielen Menschen aufgefallen, ihn aber im Rahmen der Synchronizitäten zu sehen, ergibt ein viel reicheres und Gewinn bringenderes Bild. Es taucht plötzlich eine hilfreiche Information auf, die eine wegweisende Instanz gibt. Diese dann anzunehmen, ist wiederum die persönliche Sinnkonstruktion, unabhängig vom „an sich" existierenden Sinn.

Synchronizitäten liefern genau das Material, welches mein Ich und mein Bewusstsein zum gegenwärtigen Zeitpunkt brauchen.

Die Botschaft des Scarabaeus

Ein Beispiel für den Sinn, der sich mitteilt, berichtet Jung selber:

„Eine junge Patientin hatte in einem entscheidenden Moment ihrer Behandlung einen Traum, in welchem sie einen goldenen Scarabaeus zum Geschenk erhielt. Ich saß, während sie mir den Traum erzählte, mit dem Rücken gegen das geschlossene Fenster. Plötzlich hörte ich hinter mir ein Geräusch, wie wenn etwas leise an das Fenster klopfte. Ich drehte mich um und sah, dass ein fliegendes Insekt von außen gegen das Fenster stieß. Ich öffnete das Fenster und fing das Tier im Fluge. Es war die nächste Analogie zu einem goldenen Scarabäus, welche unsere Breiten aufzubringen vermochten, nämlich ein Scarabaeide (Blatthornkäfer) Cetonie aurata, der ‚gemeine Rosenkäfer', der sich offenbar veranlasst gefühlt hatte, entgegen seinen sonstigen Gewohnheiten in ein dunkles Zimmer gerade in diesem Moment einzudringen. Ich muss schon sagen, dass mir ein solcher Fall weder vorher noch nachher je vorgekommen, ebenso wie auch der damalige Traum der Patientin ein Unikum in meiner Erfahrung geblieben ist."[25]

Er bemerkte noch dazu, dass die sonst einseitig rational eingestellte Frau zu ihrem natürlichen Wesen zurückfinden musste und die stagnierende Behandlung danach gute Fortschritte machte.

Die näheren Umstände dieser Behandlung sind nicht genauer bekannt. Für unseren Zweck genügt es, die Wirkung dieser Synchronizität zu kennen. Gerade die Betroffenen wie auch die Therapeuten und Therapeutinnen wissen, wie mühsam ein innerer Weg in der Behandlung sein kann, wie viel Mut und Tapferkeit es erfordert, oft unter persönlichen Opfern erworbene Positionen und Haltungen wieder aufzugeben. Wir entwickeln Einstellungen und Überzeugungen, weil sie uns helfen, eine uns chaotisch erscheinende Welt zu verstehen und uns in ihr zurechtzufinden. Diese wieder aufzugeben, bedeutet scheinbar, in das bekannte Chaos der inneren Ängste zurückzufallen, die für uns als Kinder so schmerzhaft waren. Vor diesem Hintergrund kann man die Wichtigkeit und Wirksamkeit dieser Synchronizität verstehen. Sie war ein entscheidender Faktor und der Wegweiser zu neuen Lösungen. Aber die Frage stellt sich auch hier wieder: Wer oder was hat dem Käfer vermittelt, gerade in diesem Moment ans Fenster zu klopfen?

Hier wurde nicht Innen und Außen miteinander verbunden, sondern zwei Menschen, die an einer gemeinsamen Aufgabe arbeiten, und ein scheinbar seelenloses Insekt. Die Folgerungen, die man daraus ziehen könnte, sind sehr weitreichend. Nicht nur Mensch und warmblütiges Tier, sondern Mensch und Tier einer früheren Evolutionsstufe sind miteinander in Verbindung. Und dies nicht irgendwie, wie bei einem Waldspaziergang, bei dem wir vielen Insekten begegnen, sondern in einer für diese Menschen so sinnvollen Weise. Ob es einen solchen Sinn in irgendeiner Form auch für den Käfer gibt, wissen wir nicht, aber es wäre logisch zwingend. Wir stellen heute zwar gern fest, „dass alles mit allem verbunden", „alles miteinander vernetzt ist", aber sind wir bereit, diese Modelle wirklich bis in alle Konsequenzen zu durchdenken, oder bleiben wir bei einer abstrakten Idee stehen? Über Synchronizitätserlebnisse verlassen wir den Raum der Abstraktion und treten ein in den Raum des konkreten persönlichen Lebens. Dort jedoch spielt sich unser Schicksal ab.

Die schon mehrfach erwähnte Grundthese, die C. G. Jung in die wissenschaftliche und erkenntnistheoretische Diskussion eingebracht hat, lautet: Es gibt einen präexistenten Sinn, der sich in meinem Leben unter bestimmten Voraussetzungen manifestiert. Diese können ganz auf mein aktuelles Geschehen oder ein

Problem, das mich sehr beschäftigt, bezogen sein. Voraussetzung ist immer, dass ich gefühlsmäßig engagiert bin. Synchronizitäten ereignen sich nicht in gleichgültigen Situationen, die mir nichts bedeuten. Das gilt aber auch umgekehrt: Wenn sich Synchronizitäten ereignen, so kann das ein Hinweis darauf sein, dass ein mir vielleicht noch nicht bewusstes Gefühlsproblem vorliegt, auf das ich aufmerksam werden soll. Man kann sich jedenfalls nicht vorstellen, dass es sich um blinde Zufälle handelt, sind sie doch persönlich bezogen, sehr informativ und hilfreich bei anstehenden Entscheidungen.

Dies sei noch einmal an einem Beispiel erläutert. Hier kann wieder jeder ursächliche Zusammenhang ausgeschlossen werden, da sich zudem mehrere Ereignisse synchronistisch überlagern.

„Ich könnte alle Spiegel zerschlagen"

Folgende Synchronizität ereignete sich im Rahmen der Psychotherapie einer 16-jährigen Jugendlichen. Sie litt an einer bulimischen Form der Anorexie. Diese ist oft durch mehrfaches tägliches selbst verursachtes Erbrechen getarnt. Zu der schweren Symptomatik kamen bei dieser jungen Frau noch ein extremer Selbsthass und eine entsprechende Ablehnung des eigenen Körpers hinzu, den sie selbst beim Duschen kaum anzufassen, geschweige denn danach einzucremen vermochte, so intensiv war ihr Ekel vor ihrer Körperlichkeit. Sie drückte es einmal mit dem Satz aus:

„Ich könnte alle Spiegel zerschlagen. Ich ertrage mein Spiegelbild nicht. Ich kann an keinem Schaufenster vorbeigehen. Wenn ich zufällig mein Bild sehe, ertrage ich es nicht."

Ihre Therapeutin wollte nun am Sonntagnachmittag den Bericht über diese junge Frau an die Krankenkasse schreiben. Sie war ziemlich ratlos bezüglich der Diagnose des Krankheitsbildes, das sie in ihrer vollständigen Form in der einschlägigen Literatur nicht gefunden hatte. Da klopfte ihre Tochter an die Tür und stürmte, ohne das „Herein“ abzuwarten, sofort ins Zimmer, was im Haus nicht üblich ist und von der Tochter sonst auch nicht getan wird. „Sie knallte mir eine ihrer Jugendzeitschriften auf den Tisch mit den Worten: ‚Ist es das, was du behandelst?‘ Sie schaute auf den Titel, da stand: ‚Dysmorphophobie‘ mit dem Untertitel ‚Ich könnte alle Spiegel zerschlagen‘.“

Am Tag darauf kommt die Patientin in die Praxis und legt ihr ein ähnliches Magazin auf den Tisch und fragt: „Habe ich das?“ Da stand: „Die körperdysmorphophobische Störung“. Zu Hause fand sie dann sofort den Begriff in dem einschlägigen Lehrbuch mit einer vollständigen Beschreibung des Krankheitsbildes, nach dem sie tags zuvor vergeblich lange gesucht hatte.

Nach diesem Erlebnis war ihr klar, dass sie den weiteren Antrag an die Krankenkasse schreiben würde, für den ihr noch die Diagnose gefehlt hatte. Dass sie diese auf solche Weise finden würde, hat sie doch sehr beeindruckt und zugleich für die weitere wirklich schwierige und belastende Behandlung motiviert.

Ganz naiv würde man sagen, es „soll“ wohl so sein, dass sie die Behandlung trotz aller Schwierigkeiten weiterführen soll. So drücken wir es gern aus. Aber was heißt hier schon „soll“? Wer würde denn den Auftrag für dieses „Sollen“ geben? Wer oder was kennt die Zusammenhänge, an denen hier mindestens drei Personen unabhängig voneinander beteiligt sind? Und dass ihre Tochter so ungestüm die geltenden und von ihr auch bisher immer eingehaltenen Regeln des häuslichen Umgangs durchbrochen hat, warum das? Zum gleichen Zeitpunkt fand die Patientin in einem anderen Jugendmagazin einen ähnlichen Artikel und stellte fast wörtlich die gleiche Frage wie die Tochter. Das sind schon keine gewöhnlichen Zufälle mehr, sondern eindeutig Synchronizitäten.

Was könnte der Sinn des Geschehens sein? Vordergründig natürlich das Auffinden der Diagnose, und zwar in einem Magazin und erst danach im Lehrbuch der Psychosomatischen Medizin. Weiter geht die Motivationsfrage: die Behandlerin brauchte offensichtlich diese Unterstützung, um neuen Mut für die Weiterbehandlung zu finden. Und für die Patientin ist es die Chance, ihr Leben in normale Bahnen zu lenken.

Die Perspektiven müssen auch hier wieder erweitert werden: Synchronizitäten bieten einmal die Möglichkeit, den Sinn in den Ereignissen zu finden und die entsprechenden Zusammenhänge zu konstruieren; zum anderen kann man davon ausgehen, dass es diesen Sinn schon gibt, ehe er im Erleben erkannt wird. Man kann ihn jedoch auch gar nicht wahrnehmen, weil man auf diese Zusammenhänge nicht achtet, davon gar nichts weiß, sondern immer nur von Zufällen ausgeht, die eben passieren. Bei der Erforschung unserer Gehirntätigkeit ist man auf die merkwürdige Tatsache gestoßen, dass im Gehirn schon Aktivitäten nachweisbar sind, ehe sie bewusst werden. Das heißt, es ist hirnphysiologisch schon passiert, ehe der Betreffende sich vorgenommen hat, diese Aktivität jetzt auszuführen.

Synchronizitäten sind nie zwingend, immer nur anregend oder aufregend, das Handeln obliegt dem erlebenden Menschen, seinem Ich.

5. Kapitel
Schöpfungsakte in der Zeit

Diese von C. G. Jung vorgeschlagene Beschreibung und Deutung der Synchronizitätsereignisse und -erlebnisse ist ein gut begründeter Versuch, ihnen gerecht zu werden und sie klar abzugrenzen.

Geht man allein von der Kausalität als Erklärungsprinzip für alle Ereignisse in unserer äußeren und inneren Welt aus, so erscheint es einfach unmöglich, von ursachelosen Ereignissen zu sprechen. „Gibt es sie aber, so müssen wir sie als Schöpfungsakte ansprechen im Sinne einer ‚creatio continua'." Jung kommt weiter zu dem Ergebnis, sie nicht nur als eine besondere Klasse von Naturereignissen, sondern „einerseits als ein Allgemeines, seit jeher Vorhandenes, andererseits als die Summe vieler sich in der Zeit ereignender individueller ‚Schöpfungsakte' zu begreifen"[26].

Über synchronistische Erlebnisse und eine entsprechende innere Bereitschaft, sich diesen Möglichkeiten zu öffnen, an der „ewigen Schöpfung" teilzuhaben, ist eine stimulierende Vorstellung und Möglichkeit, die jederzeit im Leben verwirklicht werden kann. Und dazu braucht es nicht mehr als eine veränderte Einstellung, eine neue Offenheit. Noch einfacher geht es nun wirklich nicht. Es ist heute kein ungewöhnlicher Gedanke mehr, eine ständige Evolution anzunehmen, die immer neue Formen im materiellen wie im seelisch-geistigen Bereich hervorbringt. Synchronizitäten sind dann die persönlichen Varianten in diesem endlosen Spiel der Schöpfung.

Über Synchronizität bin ich bewusster Teilnehmer am ewigen Spiel der Schöpfung, nicht Spielball, sondern Mitspieler.

Evolution und Emergenz

Im Grunde haben wir heute gar keine andere Wahl, als diesen großen Schritt weiterzugehen. Wir sprechen zwar nicht mehr von einer creatio continua, einer ständigen Schöpfung und Neuentstehung von Wirklichkeiten, wir sprechen von Evolution und permanenter Emergenz. Ständig entsteht Neues, wo und wie auch immer, hauptsächlich in unseren Köpfen, die sich dann über unsere Computer und andere, kaum noch zu überblickende Möglichkeiten erweitern. Wir leben in einem ständigen Werden und Neuwerden. Allein unser Körper erneuert sich ständig und ohne Unterlass, nur sind wir uns dessen nicht bewusst. In ihm geschieht unendlich viel synchron, bei jedem Heilungsprozess laufen tausende Prozesse gleichzeitig ab. Ein Nacheinander führte sofort zum Tod. Es ist nicht zu viel behauptet, wenn wir sagen:

Synchronizität ermöglicht das Leben überhaupt.

Dem Prozess der Neuwerdung sollten wir uns nicht entgegenstemmen, den schöpferischen Impulsen keinen Widerstand leisten. Wir handelten da gegen das Leben, das ein ständiges Werden und Vergehen ist. Nur dort, wo Altes vergeht, ist Raum für Neues. So heißt Neuwerden, also Schöpfung, zugleich Abschied.

Es lassen sich natürlich für Neues immer auch kausale Faktoren finden. Der Volksmund weiß z. B., dass Not erfinderisch macht. Aber auch damit ist nicht mehr ausgesagt, als dass sie den Anreiz für andere Prozesse bietet, die gewissermaßen aus dem Nichts entstehen, die Bekanntes so ganz neu kombinieren, dass etwas noch nie Dagewesenes erscheint.

Schöpfungsakte in der Zeit

„Schöpfungsakte in der Zeit" hat Jung dies genannt. Es ist die persönliche Teilnahme an der ewigen Gegenwart des einen Schöpfungsaktes, der sich in unendlicher Reihe fortsetzt.

Aber genau das ist es ja, was uns Menschen ängstigt und hindert, wirklich schöpferisch zu sein und einmal etwas ganz Neues zu versuchen, mag es unserer Umgebung auch komisch, fremd oder gar suspekt vorkommen. Wir entdecken oder tun dann etwas, was in unser bisheriges Welt- und Lebensverständnis nicht mehr ohne weiteres hineinpasst, eben weil es ganz neu und völlig unerwartet ist. Wenn sich jemand plötzlich ganz anders als gewohnt verhält, wird er gefragt „Was ist denn in dich gefahren?", eine Anspielung an die alte Dämonenlehre.

Das sind Versuche, das Neue zu verstehen und einzuordnen. Sie zeigen aber auch, welche Ängste von den neuen, den schöpferischen Impulsen ausgelöst werden. Das lässt sich im familiären Alltag, im Arbeitsleben und im größeren gesellschaftlichen Leben täglich beobachten. Die Spannung zwischen Altbewährtem und neuem, ganz anderem kann sehr anregend sein, aber auch große Ängste und entsprechende Abwehrreaktionen auslösen. Hierfür ließen sich leicht viele Beispiele anführen, die jeder kennt, der einmal versucht hat, etwas Neues einzuführen oder auch nur vorzuschlagen.

Der Vorteil einer Beachtung der Synchronizitäten liegt auch darin, dass sie in der Regel nicht öffentlich sind. Ich kann meine ganz persönliche Sinnsuche unbeobachtet und geschützt vornehmen, bin keine Rechenschaft schuldig, brauche keinem anderen Menschen irgendeine Erklärung abzugeben, um mich vor unnötigen Fragen zu schützen. Aber die innere Sicherheit wird mir zuteil, und ich ordne mich ein in größere Zusammenhänge auf Grund der von mir selbst und keiner anderen Person gemachten Beobachtungen.

Synchronizitäten sind Zeitpunkte, in denen ich ganz bei mir und auch ganz allein bin, kein anderer Mensch ist anwesend, nur die Kraft der unbekannten anderen Seite, die doch so mit meinem Leben vertraut ist, dass diese Genauigkeit möglich wird, die für die Synchronizität charakteristisch ist.

6. Kapitel
Das Ewige Nun – Botschaften der Mystiker

Die Frage nach Zeit und Ewigkeit beschäftigt die Menschen schon sehr lange. Die Grabbeigaben in den alten Hügelgräbern wie auch den ältesten Grabfunden überhaupt bestätigen, dass die Vorstellung eines Weiterlebens nach dem Tode selbstverständlich war. Es gab kein Ende, kein Aufhören des Lebens. Ob diese Menschen schon eine Zeitvorstellung hatten, die der unseren vergleichbar wäre und entsprechend einen Begriff der Ewigkeit kannten, ist ungewiss.

Zeit ist eine sehr persönliche Angelegenheit und keineswegs so objektiv, wie wir meinen und die Uhr anzuzeigen scheint. Es gibt immer wieder Gedankenexperimente über den Ablauf, das Stehenbleiben oder Zurückdrehen der Zeit. Bei Flügen in den Weltraum ergeben sich ganz neue Zeitdimensionen. Wenn wir mit Geschwindigkeiten fliegen könnten, die sich der Lichtgeschwindigkeit annähern, würden wir viel langsamer altern. Also ist selbst unsere Lebenszeit elastisch, ist relativ, hier zur Geschwindigkeit, mit der wir im Weltall fliegen.

Dass auch der Raum elastisch ist, hatten wir schon festgestellt, er scheint im subatomaren Raum, wenn man dann überhaupt noch von Raum sprechen will, ganz zu verschwinden. „Ganz zuunterst" gebe es nur noch die Möglichkeit der reinen Form, aus der natürlich wieder alles entstehen kann. Und zu einer reinen Form kann man sich genauso wenig Raum vorstellen wie zu Energie. Zum Raum gehören irgendwie bewegte Körper wie zu Zeit auch. Wenn aber beide gegen Null gehen, was dann? Nach jüngsten

Forschungen geht man sogar so weit zu sagen, dass die Welt nicht einmal mehr aus Materie besteht, sondern aus Energie. Das ist so wenig vorstellbar wie Zahlen aus der Astronomie und Astrophysik. Dass das Licht in einer Sekunde runde dreihunderttausend Kilometer zurücklegt, mag man gerade noch erfassen können, aber die fast neuneinhalb Billionen in einem Jahr sind nur noch eine Zahl, mit der wir rechnen können, sie liegt jenseits unseres Vorstellungsvermögens. Und da wird es schon ganz abstrakt. Gerade in der physikalischen Forschung wird vieles zunächst mathematisch berechnet und oft erst Jahre später nachgewiesen, weil dann die Voraussetzungen für die nötigen Experimente gegeben sind. Die von Pauli vorhergesagten Neutrinos sind ein Beispiel hierfür, sie wurden viele Jahre nach seinen Berechnungen und darauf gegründeten Voraussagen experimentell nachgewiesen.

Es gibt viele Beispiele, die alle in die gleiche Richtung weisen, in der wir die Synchronizitäten finden: in einem Bereich – ein besseres Wort haben wir noch nicht –, in dem die Zeit, der Raum und der Bezug des einzelnen Menschen zu ihnen völlig relativiert und ganz persönlich wird. Es ist, als liefen in ihm die großen Dimensionen, mit denen wir unser All beschreiben, in einem Punkt zusammen, in welchem sich zudem noch Sinn, persönlicher Sinn offenbart und dieser wiederum in Verbindung mit einem davon unabhängigen Sinn stehen dürfte.

Aus Zwei wird Eins

So verwundert es nicht, dass sich die Mystiker immer intensiv auch mit der Zeit und indirekt auch mit dem Raum befasst haben. In der Mystik geht es ja um die Aufhebung der Subjekt-Objekt-Spaltung, um das große Einswerden der Seele mit Gott. In unserer heutigen Sprache könnte man sagen, dass sich im mystischen Erleben Raum und Zeit auflösen. Denn wenn ich mit Gott eins werde, gibt es keinen Raum mehr zwischen uns, das große, spannende und leidvolle Thema der Dualität, der Zweiheit ist zu Ende. Aus Zwei wird wieder Eines.

Das mystische Erleben ist eine große Synchronizität. Die Seele und Gott sind eines, sind absolut gleichzeitig und „gleichräumlich".

Bei Meister Eckehart, dem großen deutschen Mystiker (1260–1327/1329), finden sich viele Hinweise auf Zeit und Raum, meist in dieser Koppelung. Die Bindung an diese sind für ihn das entscheidende Hindernis für die Einswerdung der Seele mit Gott, die letztlich das Entscheidende ist. Er geht noch weiter: Auch die Bindung an Zahl und Vielheit ist ein ebenso großes Hindernis. Hier ist der Bezug zur Synchronizität offensichtlich und direkt, man könnte sogar von einer Erweiterung des Konzepts sprechen, denn wenn sich die Vielheit auflösen muss, so ist das eine genaue Beschreibung dessen, was mit dem Zusammentreffen der beiden Ereignisreihen in einem Zeitpunkt, der ja keine Ausdehnung mehr hat, ausgedrückt ist.

„Nun aber ist alles, was zeitlich ist, Gott fern und fremd. Nimmt man Zeit, und nimmt man sie auch im Kleinsten, im ‚Nun', so ist es doch noch Zeit und besteht in sich selbst. Solange der Mensch Zeit und Raum hat und Zahl und Vielheit und Menge, so ist er ungerecht dran und ist Gott ihm fern und fremd."[27]

Dass wir nicht beständig in Jenem leben können, in dem das Leben ein Sein ist, „kommt daher, dass wir die Zeit berühren. Was die Zeit berührt, das ist sterblich."[28]

Über das Eine können keine Aussagen mehr gemacht werden, deshalb schweigen die Mystiker darüber. Vielleicht beschreiben sie es noch als ein großes Licht, aber dann ist das Ende der sprachlichen Möglichkeiten erreicht. Das Gleiche gilt für die Synchronizitätserlebnisse: Der eigentliche Punkt der Einswerdung, in dem der Sinn entsteht, ist nicht zu beschreiben, nur seine Wirkung auf das Bewusstsein.

Die Mystiker berichten im Grunde nur über die große Synchronizität der Einswerdung der Seele mit Gott. Ihr zentrales Thema ist die Rückkehr der Seele zu dem Einen, von dem sie kommt, dem sie ähnlich ist und nach dem sie sich immer sehnt. Das bedeutet das Ende der zeitlichen und räumlichen Dimension des Lebens, alles Leid mit Vergangenheit und Zukunftsangst kann vorüber sein, ich bin wieder eingebunden, angekommen, daheim. Zumindest ist die Synchronizität eine wunderbare Brücke „hinüber“ in diesen Bereich, der auch das nicht mehr ist. Wir können aus den bekannten und oft belastenden Dimensionen unseres Lebens „aussteigen“, ohne ein „Aussteiger“ zu werden, ganz leise, ganz persönlich und immer wieder, wenn wir uns diese Zusammenhänge bewusst machen. Dieses Wissen ist schon formuliert worden, ehe es eine Physik in unserem modernen Sinn gab. Das heißt, dass modernste Erkenntnisse tief in der Menschenseele eingewurzelt sind. Diese Schätze müssen nur gehoben werden.

Diese Gedanken sind revolutionär und modern. Meister Eckehart wurde nicht müde, immer wieder von dieser Kraft der Seele zu sprechen, die in den „Umkreis der Ewigkeit“ führt, in die Freiheit wahrer Gegenwärtigkeit.

Achtsamkeit im Alltag

Wir sind gehetzt im Alltag, hin und her gerissen zwischen tausend Dingen, Wünschen und wichtigen Anliegen und Aufgaben. Schon morgens beim Aufstehen fällt uns alles Mögliche ein, das am Tage erledigt werden muss und keinesfalls vergessen werden darf. Und am Abend wissen wir oft gar nicht, wie der Tag verflogen, die Stunden vergangen sind. Wir erinnern uns kaum noch an die einzelnen Abläufe, der Tag ist einfach vorbei. Ein kostbarer Tag unseres Lebens.

Es ist eine Frage der Aufmerksamkeit, der Achtsamkeit, einen Tag lang ganz aufmerksam und achtsam zu sein. Das klingt sehr einfach und ist doch für die meisten Menschen recht schwierig, dies einzuhalten. Es beginnt bereits bei den einfachsten täglichen Verrichtungen, z. B. dem Öffnen und Schließen einer Tür: die Klinke achtsam anfassen, niederdrücken, die Tür öffnen, die Klinke loslassen usw. Oder beim Essen: das Essbesteck in die Hand nehmen, die Speise vom Teller nehmen, sie mit der Gabel oder dem Löffel zum Mund führen und dann kauen, ganz bewusst, dabei an nichts anderes denken. Das muss man selbst versucht haben, um zu wissen, wie schwierig es sein kann, den Alltag ganz bewusst und achtsam zu leben.

Diese Art der Achtsamkeit ist auch die Voraussetzung für die Wahrnehmung von Synchronizitäten. Meist fallen sie einem gar nicht auf, wenn man nicht darauf aufmerksam gemacht wird.

Zu lernen, ganz in der von Eckehart beschriebenen und erreichbaren Gegenwärtigkeit zu leben, ist ein kostbares Geschenk, das wir uns selbst machen können. Dass wir dabei gleichzeitig in den Umkreis der Ewigkeit eintreten, ist wunderbar. Es gibt dieses Austreten aus der Zeit, im Grunde ist es immer möglich. Die Synchronizitätserlebnisse sind ein möglicher Zugang, auch in ganz alltäglichen Fragen.

Synchronizitäten führen in den Umkreis der Ewigkeit.

Zur Alltagsseite der Synchronizitäten hier noch ein Beispiel:

Ein Mann, Designer von Beruf, möchte sich ein weiteres Auto kaufen. Er liebt alte Modelle und denkt an einen alten Porsche 924, von dem er schon lange träumt. Wie jeder, der an ein neues Auto denkt, beschäftigt er sich oft damit. Als er gerade wieder sehr intensiv damit befasst war, kaufte er die Zeitung „Autobild" und fand aufgeschlagen auf der einen Seite genau den Porsche, an den er denkt, und auf der anderen Seite das Bild eines alten Daf 66, dem Vorläufer des Modells, den er heute als Coupé fährt. Für ihn war es eine Bestätigung, dass er weiter nach dem alten Porsche suchen soll. Als er die Zeitung aufschlug, war er ganz in der Gegenwart seiner Phantasie, er konnte für einen Moment alles andere vergessen.

Zurück zu den Visionen der Kindheit

Wenn wir an Ewigkeit denken, meinen wir oft, dies müsse mit ganz besonderen Erlebnissen und erhabenen Visionen verbunden sein. Das kann der Fall sein, muss es aber nicht. Sicher kennt jeder von uns auch solche großen Visionen, die wir uns aber oft gar nicht eingestehen, sie sogar vor uns selbst schamhaft verbergen. Wenn wir an unsere heimlichen Träume, an unsere innerste Sehnsucht denken, diese zulassen, können wir unseren ganz persönlichen Visionen und Ideen wieder begegnen, die uns manchmal schon seit unserer Kindheit bewegen. Und indem wir sie in die Gegenwart zurückholen, überwinden wir mögliche Resignation und Trauer darüber, dass sich scheinbar so manches in unserem Leben nicht erfüllt hat. Wir müssen dabei an unsere Jugendträume anknüpfen, denn immer ahnen wir etwas von unserer wirklichen inneren Größe, die leider so oft von Minderwertigkeitsgefühlen und Kleinheitsideen verschüttet ist.

Wenn wir uns über die Synchronizitätserlebnisse wieder mit der von Meister Eckehart beschriebenen Wirklichkeit verbinden, finden wir zurück oder weiter hin zu unserer inneren Größe. Sie ist nicht geringer, als dass die Mystiker von der Gottähnlichkeit, ja der Gottgleichheit der Seele sprechen. Und sie wissen, wovon sie reden. Diese Visionen sind auch der eigentliche Grund, warum wir dieses Buch geschrieben haben. Denn das ist unsere Überzeugung:

Synchronizitäten sind ein Weg in die Freiheit und zum Erleben der Kraft der Seele.

Die Wegweisungen und Erkenntnisse, die Synchronizitäten vermitteln, entsprechen dem „Seelenfünklein", von dem Eckehart spricht, „ein Fünklein der Erkenntnisfähigkeit, das nimmer erlischt". Ein Fünklein in uns zu wissen, das nimmer erlischt, ist ein wunderbares und zugleich tröstliches Wissen, vor allem wenn wir meinen, alles sei nur noch dunkel und ausweglos. In vielen beschriebenen Beispielen ging es gerade um diese Dunkelheit. Sie ist nie endlos, das Fünklein entzündet immer wieder ein neues Licht. Und Licht ist das klassische Symbol für Bewusstheit und Erleuchtung, es eröffnen sich neue Perspektiven, neue Zusammenhänge werden klar.

Synchronizitätserlebnisse sind jedes Mal ein Hinweis auf eine Dimension jenseits der Zeit - dort, wo wir mit dem absoluten Wissen und dem Vorhandensein von Sinn rechnen können. Das mag zunächst fremd oder „mystisch" bis unheimlich wirken, aber es kann alltägliche Wirklichkeit werden. Es geht um nichts anderes als um die Erweiterung unserer Wahrnehmung, und wir finden Zugang zum Sinn, mit dem unsere Seele gesundet und Freude und Sicherheit in unser Leben einkehrt.

Wir wissen natürlich auch, dass trotz der Synchronizitäten viele Fragen offen bleiben und diese Erlebnisse nicht immer gerade dann eintreten, wenn wir sie brauchen oder zu brauchen meinen. Es ist so ähnlich wie mit unseren Träumen. Wir wünschen zu Beginn der Nacht, einen Traum zu haben, der eine dringend benötigte Orientierung vermittelt. Aber dann wacht man am nächsten Morgen enttäuscht ohne Traum auf. Warum das trotz intensiven Wünschens so ist, wissen wir nicht. Aber dass es mit unserer inneren Wachheit zu tun hat, ist sehr wahrscheinlich. So sind für unsere Entwicklung sicher noch sehr viele Möglichkeiten offen.

Diese Fülle wird in Zukunft noch heute nur von Sehern und Mystikern beschriebene Erlebnisse ermöglichen. So sagt Angelus Silesius:

„Ich selbst bin Ewigkeit, wenn ich die Zeit verlasse
Und mich in Gott und Gott in mich zusammenfasse.“

7. Kapitel
Wechselwirkungen

Wir sind bisher davon ausgegangen, dass Synchronizitäten sich ereignen, wenn der betreffende Mensch sich in einem entsprechendem Zustand befindet. Das heißt, wenn er sich in einer emotional „aufgeladenen“ Situation befindet. Meist sind es Gemütszustände, die der einer Krise entsprechen.

In der Tat ist es so, dass in Krisensituationen Entscheidendes passiert. Denn „Krisis“ bedeutet „Entscheidung“. Die Synchronizitäten, die Menschen in Situationen erleben, in denen sie sich in und mit sich selber nicht mehr so richtig auskennen, in denen sie meinen, keinen Ausweg zu wissen, setzen den Wegweiser in die entscheidende Richtung. Plötzlich ist es klar: Die innere Zigeunerin muss entdeckt werden, eine Reise nach Mallorca ist angesagt, Beziehungen werden erneut wichtig, der Internist will wirklich Internist sein, eine schwierige Behandlung mit einer beinahe unaussprechlichen Diagnose wird durchgeführt usw.

Von innen nach außen

Wie ist das innerpsychisch zu verstehen? Der Betreffende ist in einen inneren Konflikt geraten. Ein Konflikt zeichnet sich dadurch aus, dass zwei Seiten gleich stark sind, und jede am entgegengesetzten Ende zieht. In einer Frau zum Beispiel meldet sich die Seite, die lust- und temperamentvoll, spielerisch, unkonventionell leben will. Doch da gibt es eine andere Seite in ihr, die sagt: „Sei ernsthaft, ordentlich und pünktlich, überlege gründlich, bevor du handelst, tue deine Pflicht als gute Ehefrau und sei tüchtig in deinem Beruf!" Sie ist verunsichert, weiß nicht, welcher Seite sie nachgeben soll, steckt also in einem Konflikt.

Solange beide Seiten gleich stark sind, passiert gar nichts. Nur dass es mit der Zeit langweilig wird, eben weil nichts passiert. Wenn so ein Konflikt über längere Zeit bestehen bleibt, ist das Leben jedoch nicht nur langweilig, es wird oft bedrückend und quälend, manchmal wird man darüber auch krank.

Auf dem Höhepunkt eines Konfliktes, wenn sich in beiden Seiten sehr viel emotionale Energie gestaut hat, taucht dann oft plötzlich eine Synchronizität auf. Der Konflikt hat sich gleichsam aus dem Inneren dieses Menschen nach außen verlagert. Denn es scheint so zu sein, dass die Materie die Psyche spiegelt, dass man also im Außen betrachten kann, was sich im Inneren abspielt. Die Synchronizität, die sich aus einer emotional stark aufgeladenen Situation heraus ereignet, spiegelt nicht nur den Konflikt wider, sondern zeigt auch die mögliche Lösung. Im Fall der Frau, die unkonventionell leben will, bietet sie an: „Lebe wie eine Zigeunerin."

Aus der unbewussten Psyche heraus wird die Entscheidung gefällt, die vom Ich-Bewusstsein der Frau nicht getroffen werden kann. Weil das Ich-Bewusstsein nicht über das Gesamtwissen verfügt, traut es sich nicht zu entscheiden. Im Unbewussten jedoch liegt der „Bauplan" dieser Frau in seiner Vollständigkeit vor, da ist ihr gesamter Lebensweg schon eingezeichnet. Nur aus diesem Wissen heraus kann die richtige Entscheidung getroffen werden.

Wenn wir erkennen, dass Außen und Innen eins sind, dass sie lediglich zwei verschiedene Aspekte ein und derselben Sache darstellen, verwundert es nicht, dass in der Materie und in der Außenwelt das sichtbar wird, was sich in der Psyche konstelliert hat. Diese Tatsache kann unser Leben sehr erleichtern, denn wir brauchen nur aufmerksam das zu verfolgen, was in unserer näheren Umgebung geschieht, und wir wissen dann, was sich in unserem Inneren abspielt. Die Seele projiziert ihren jeweils aktuellen Inhalt in die Außenwelt, vornehmlich auf die Menschen, Tiere, Pflanzen und alle möglichen Gegenstände, die ihr dazu einen „Haken" bieten, an dem sie sich festmachen kann.

Deswegen begegnen wir im Leben auch immer den „richtigen" Menschen, den Menschen, die uns die noch nicht gelebten Seiten spiegeln. Wenn zum Beispiel jemand seine eigenen Aggressionen unterdrückt, wird er oft Ärger mit anderen Menschen haben. Oder wenn jemand überzeugt ist, dass es nur Gutes gibt, wird ihm das Böse verstärkt entgegentreten. Weil eben die beiden Pole zueinander gehören, das sich Entsprechende immer findet und auf irgendeine Art und Weise einstellt. Je weiter die beiden Pole voneinander entfernt sind, das heißt, je stärker man eine bestimmte Seite aus seinem Bewusstsein aussperrt, desto mächtiger konstelliert sich dann die entsprechend andere Seite.

Synchronizitäten ereignen sich in gefühlsmäßig bedeutsamen Situationen, d. h., das Erleben und Erkennen von Synchronizitäten ist immer ein Hinweis auf eine solche innere und äußere Situation. Sie sind Wegweiser zur Selbsterkenntnis.

Von außen nach innen

Es gibt jedoch auch Vorgänge, die zunächst einmal nichts mit der innerpsychischen Verfassung zu tun haben, sondern die von außen kommen. Fast könnte man annehmen, dass das Außen sich jemanden sucht, an dem es einen Anknüpfungspunkt findet.

Das Unbewusste, das absolute Wissen, wartet offenbar nicht nur darauf, dass es durch eine bestimmte Konstellation in der individuellen Psyche „gerufen“ wird, sich mitzuteilen, sondern es ergreift auch von sich aus die Initiative und lädt das Individuum ein, ihm zu folgen. So soll ja Einstein seine Relativitätstheorie nicht primär errechnet haben, sondern diese Theorie, die im absoluten Wissen zum Abruf bereit lag, ließ sich von ihm finden, hat sich ihm gewissermaßen vorgestellt und angeboten. Von vielen anderen Wissenschaftlern weiß man, dass Grundlegendes aus ihrem Bereich völlig überraschend plötzlich in ihren Köpfen über Visionen oder „große“ Träume erschienen ist, sie ergriffen hat. Der Prophet Elias aus dem Alten Testament beispielsweise ist immer wieder von einem Engel „heimgesucht“ worden, der ihm entsprechende Anweisungen gab – die Elias eigentlich gar nicht haben wollte.

Ein Freund erzählte uns Folgendes:

Vor vielen Jahren traf er sich mit einer kleinen Gruppe von Menschen zu gemeinsamen Meditationen und spirituellen Gesprächen auf einem einsam gelegenen Gut in Südfrankreich. Er kam dort mit sehr kreativen, innovativ denkenden Menschen zusammen, die sich ihre natürliche Begeisterungsfähigkeit noch bewahrt hatten. Wie in einem gemeinsamen Rausch entwarfen sie Pläne für Neuerungen auf ihrem jeweiligen Arbeitsgebiet. Jahrzehnte vergingen, er dachte nicht mehr an diese Gruppe. Doch eines Tages „überfiel“ ihn eine eigenartige Stimmung. Er musste immer wieder an den Ort des damaligen Treffens denken und spürte ein bisher nicht gekanntes Drängen in sich. Endlich beschloss er, diese Stätte noch einmal aufzusuchen. Allerdings wusste er nur noch, dass sie in Südfrankreich war, die Namen der Dörfer und Städte, die in der Nähe lagen, erinnerte er nicht mehr. Er hatte Urlaub und fuhr einfach los. Er fuhr, als würde er geführt. Es gab keinen Augenblick des Zweifelns, er fand das Gut auf Anhieb. Ein Glücksgefühl durchströmte ihn, er ging umher, und viele Erinnerungen an das damalige Treffen wurden wieder in ihm wach.

Plötzlich stockte er. Ein Mann kam auf ihn zu. Es war einer, der auch an der Gruppe beteiligt gewesen war. Auch dieser staunte. Sie begrüßten sich voller Freude. „Wieso bist du hierher gekommen?“ fragte er den anderen. Doch dieser wusste darauf keine rechte Antwort. „Ich weiß es auch nicht, ich hatte auf einmal das Gefühl, ich sollte diesen Ort aufsuchen.“

Sie setzten sich zusammen und ließen noch einmal die damaligen Gespräche an sich vorüberziehen. Und immer stärker wurde in unserem Freund die Frage wach: „Was habe ich eigentlich von dem, was wir uns hier erarbeitet hatten, in die Tat umgesetzt, was davon habe ich wirklich realisiert?“ Er erkannte, dass er vieles von dem, was er damals wollte, noch nicht entsprechend umgesetzt hatte.

So wurde diese Reise für ihn sehr sinnvoll. Er konnte jetzt das noch in sein Leben aufnehmen, was er hier „vergessen“ hatte.

Dadurch dass nicht nur unser Freund zum Ort seiner Kreativität gezogen wurde, sondern dass auch in dem anderen Mann zur selben Zeit dieses Bedürfnis auftauchte, stellt sich die Frage nach der Art ihrer Beziehung. Denn auf eine eigenartige Weise scheinen die beiden miteinander verknüpft zu sein. Es wird wohl in ihrer Eigenart liegen, das heißt, sie werden einiges an inneren Gemeinsamkeiten aufweisen, die sie miteinander verbinden. Goethe sprach in solchen Fällen von „Wahlverwandtschaften“.

Natürlich können auch richtig miteinander Verwandte sich seelisch sehr nahe fühlen, sich auf einer gemeinsamen „Wellenlänge“ befinden, wie folgendes Beispiel zeigt:

In einer Familie, die Kinder waren gerade erwachsen, musste die Mutter sich einer Gallenoperation unterziehen. Es dauerte eine Weile, bis sie sich von der Operation erholt hatte, sie wurde abwechselnd von ihren Kindern im Krankenhaus besucht. Schließlich ging es ihr sehr viel besser, und der Entlassungstermin wurde geplant.

An diesem Abend saß die Familie beim Essen am Tisch, sie waren alle guter Dinge, weil die Mutter in einigen Tagen wieder zu Hause sein würde. Plötzlich jedoch sprangen Schwester und Bruder zur gleichen Zeit von ihrem Stuhl auf und riefen wie aus einem Munde: „Wir müssen im Krankenhaus anrufen!“ Sie riefen an und hörten, dass die Mutter soeben an einer Lungenembolie gestorben war.

Hier ist es nicht der Ort, der gerufen hat, sondern eher die Mutter. Man könnte von Telepathie sprechen, doch mit diesem Begriff ist nicht mehr erklärt als mit dem Begriff Synchronizität.

Bekannt sind auch Fälle, dass Menschen, die sich sehr miteinander verbunden fühlen, wie zum Beispiel Verliebte, zur selben Zeit zum Telefon greifen, um sich anzurufen. Oft geschieht es, dass beide den selben Satz zur gleichen Zeit aussprechen, beide gleichzeitig zum selben Gegenstand greifen usw.

Meistens lösen solche kleinen Gleichzeitigkeitserlebnisse Heiterkeit aus. Vielleicht ist sie der Sinn im jeweiligen Augenblick. Es muss ja nicht immer nur um Tiefgründiges bei den Synchronizitäten gehen. Wir können im Gegenteil, wenn wir offen dafür sind, erleben, dass das „absolute Wissen“ auch sehr viel Sinn für Spielerisches, Leichtes, Komisches hat. Es enthält ja die Ganzheit, und da kann eben *alles* nur Mögliche geschehen.

Kreationen aus dem Unbewussten

Es sieht ebenfalls so aus, als gebe es in der unbewussten, kollektiven Psyche nicht nur das ganze Wissen unabhängig von Zeit und Raum, sondern als lägen dort auch Zeitpläne bereit, die abhängig vom jeweiligen Bewusstseinsstand der Menschheit zur Ausführung gelangen. Dieses Phänomen wird besonders deutlich an Erfindungen, die sofort nach ihrem Entstehen wie in Windeseile die ganze Welt erobern.

Solche Kreationen werden in unserer Zeit in Amerika „geboren“: Interessant ist, dass sie fast alle in Kalifornien zur Welt kommen. Dort scheint das „absolute Wissen“ gerade seinen „Hauptstützpunkt“ aufgebaut zu haben.

Levi Strauß zum Beispiel nähte eine blaue Hose aus einer bestimmten, sehr robusten Stoffart für die Goldwäscher seines Landes, und in nicht allzu langer Zeit werden diese Blue Jeans auf der ganzen Welt getragen.

Walt Disney zeichnet eine Maus, versieht sie mit menschlichen Eigenschaften, gibt ihr einen Namen, und plötzlich finden sich Abbilder der Mickey-Mouse selbst in weit entfernt liegenden Ländern.

Ein Mann kreiert einen Saft aus ungewöhnlichen Zutaten, nennt ihn Coca-Cola, und schon trinkt man überall in der Welt diesen Saft.

Die immer kleiner werdenden Chips aus Silicon Valley arbeiten weltweit in den Computern.

Wie ist so etwas möglich? Natürlich gilt hier auch das Kausalitätsprinzip, denn die Information, dass es diese Hose, diese Maus und dieses Getränk gibt, wird auch über Medien, wie Fernsehen, Flugzeuge und heute das Internet in die Welt getragen. Doch es wird viel im Fernsehen gezeigt und vieles in den Zeitungen berichtet, und Besucher fremder Länder nehmen vieles mit auf Reisen – wieso werden nur ganz bestimmte Dinge weltweit in rasender Geschwindigkeit aufgenommen und verbreitet?

Hier reichen sich wiederum die Kausalität und die Synchronizität „die Hand“. Dass ein Produkt, ein Geschehnis kreiert worden ist, bedingt sein Erfassen, doch dass dies gleichzeitig an verschiedenen Orten geschieht und was aufgegriffen wird, obliegt einer steuernden Instanz, die von C. G. Jung das Selbst genannt wurde.

Doch diese wissende Instanz bringt nicht „selbstherrlich", isoliert, bestimmte Impulse in das kollektive Bewusstsein, sucht nicht einfach irgendwelche Menschen, denen es sich mitteilt, sondern reagiert auf das individuelle Bewusstsein. Genau so, wie ein Mensch für die Projektionen seiner noch nicht realisierten Seiten einen „Haken" bei einem anderen Menschen braucht, um sie daran „aufzuhängen", benötigt das Selbst einen Anker in der individuellen Seele. In der Jungschen Psychologie heißt dies, dass das Ich des betreffenden Menschen sich mit dem Selbst in Beziehung setzen muss, damit dieses sich ihm mitteilt.

Bei der Synchronizität ist es ähnlich: Erst die Bereitschaft des Menschen, das Irrationale für sein Leben genauso ernst zu nehmen wie das Rationale und die Offenheit für das absolute Wissen, ebnet diesem den Weg, sich zu offenbaren.

Das erleben Menschen sehr deutlich, wenn sie z. B. Orakel befragen. Tun sie es vertrauensvoll, ernsthaft und konzentriert, wird sich ihnen der Wissensspeicher des kollektiven Unbewussten öffnen. Sind sie dagegen skeptisch und unkonzentriert oder finden sie es im Grunde lächerlich, an das Irrationale zu glauben, werden sie keinen Erfolg mit ihrer Befragung haben, dann bleibt das Orakel stumm. Das kollektive Unbewusste ist genauso auf die Beziehung zum Menschen angewiesen, wie der Mensch auf die Verbindung zu ihm.

Beim kollektiven Unbewussten handelt es sich um gar nichts Geheimnisvolles oder gar Abwegiges. Im Grunde ist es ganz einfach und leicht verständlich. Wir alle sind heute mit Medien vertraut – Telefon, Fax, E-Mail, Internet und Fernsehen –, die eine Botschaft, sei sie gesprochen, geschrieben, gespielt oder getanzt, von einem Ort zu vielen, oft weit entfernten Orten ermöglichen. Wo aber befindet sich das Wort, das wir jemandem sagen, der sich z.B. in Amerika aufhält, wo hält sich das Fax auf, bis es beim Empfänger ausgedruckt wird, wo findet der Tanz statt, während er von Stuttgart nach Hamburg transportiert wird? Das Wort, der Brief, der Tanz, das Spiel, die Musik sind irgendwo „da draußen“ unterwegs, während wir im Wohnzimmer sitzen, unsere Lieblingssendungen anschauen oder mit dem Handy in der Gegend umherlaufen und mit lieben Freunden sprechen.

Aber auch in den Zeiten, bevor es all diese technischen Geräte gab, haben Menschen miteinander gesprochen, getanzt, gelacht, gestritten, Dramen in Amphitheatern aufgeführt, sie haben Glück und Schmerz, Angst und Trauer erlebt. Wo sind all diese Aktivitäten geblieben? Lösen sich Gedanken, Worte, Gesten, Gefühle einfach in nichts auf, sind unwiederbringlich verschwunden? Wenn ein bestimmter Film im Fernsehen gesendet worden ist, verlöscht dann sein Inhalt für immer?

Da es, wie wir heute wissen, nichts Festes gibt, da alles sich ständig in Bewegung befindet, also eigentlich schwingende Energie ist, und Energie sich nicht auflösen, sondern nur verdichten kann, müssen wir annehmen, dass alle Erscheinungen, die sich uns zeigen – auf welche Art auch immer – ständig präsent sind. Sie verändern nur ihre Form.

Im Bereich der Tiefenpsychologie enthält das persönliche Unbewusste eines Menschen vieles, was er erlebt, aber verdrängt hat, weil das Erlebte unangenehm, schmerzlich oder auch schrecklich war. Es ist dann zwar in Vergessenheit geraten, doch bleibt es im Unbewussten gespeichert.

Über Sigmund Freud, der das persönliche Unbewusste entdeckt und populär gemacht hat, hinausgehend, fand C. G. Jung in Träumen und Phantasien der Menschen, mit denen er gearbeitet hat, Inhalte aus dem Unbewussten aufsteigend, die nicht allein dem persönlichen Unbewussten angehört haben konnten. Er nannte diese Inhalte „das kollektive Unbewusste“. Das heißt, „ganz tief unten“ in der Seele gibt es den großen Bereich der „Menschenart des Menschen“, die Welt der „Archetypen“ – so C. G. Jung. Ganz unten, im Grund der Psyche sind wir alle miteinander verwandt, von da kommen wir her, da befindet sich unser gemeinsamer Ursprung, gleichgültig welcher Generation und welchem Volksstamm wir angehören.

Hirnforscher bestätigen heute diese Tatsache, denn im Stamm unseres Gehirns gibt es einen Bereich, der uralt ist, der uns mit den ersten menschlichen Wesen und den Tieren verbindet.

So schließt sich der Kreis: Das „absolute Wissen“, die Psyche in ihrer Ganzheit, wo sich Vergangenheit und Zukunft in ewige Gegenwart, Zeit und Zeitlosigkeit, Dynamik und Stille vereinen, ist der Ort, der uns gelegentlich anzieht oder mit einer Synchronizität überrascht. Hier ist alles möglich, auch das, was wir mit unserem begrenzten Bewusstsein für unmöglich halten. Hier ist der Ort, aus dem die Mythen und Märchen kommen, Träume und Phantasien auftauchen. Es ist der Ort, der vielen Angst macht, weil es hier nicht nur schön ordentlich und leicht überschaubar zugeht, weil hier nicht das Gesetz der Kausalität allein herrscht, sondern alles gleichzeitig bzw. zeitlos und in scheinbarer Unordnung miteinander in Verbindung ist. Was sich in einer Synchronizität genau beobachten lässt.

Das ewige Spiel

Es ist wohl deutlich geworden, dass Synchronizitäten sich vornehmlich dann ereignen bzw. wir sie wahrnehmen – ereignen tun sie sich wahrscheinlich unentwegt –, wenn wir uns in einem emotional stark bewegten Zustand befinden. Sei dieser durch einen Schicksalsschlag, eine schwere Erkrankung, aber auch eine Verunsicherung im Lebensablauf oder eine starke Verliebtheit hervorgerufen. In solche seelischen Zustände bringen wir uns nicht willentlich hinein, sie geschehen uns. Warum oder, besser, wozu sie uns zufallen, bleibt wahrscheinlich eine unbeantwortete Frage. Vermuten lässt sich, dass das Schicksal es „vorsieht", dass es genau so ablaufen „muss". Doch auch hierbei stellt sich die Frage nach der Ursache, und es gibt keine Antwort. Vielleicht gibt es ja auch keine Ursache, vielleicht ist es ja auch hier so, dass – unbewusst – ein bestimmtes Ergebnis „angestrebt" wird und hierzu der dazu passende Schicksalsablauf nötig ist. In diesem Fall würde nicht die Ursache die Wirkung, sondern die Wirkung die Ursache ergeben. Der Zeitpfeil würde sich also umkehren und aus der Zukunft zurück in die Gegenwart laufen. Die Physiker und Mathematiker sind sich einig: das ist möglich.

Was also können wir tun, wenn wir unser Leben aktiv gestalten und nicht einfach einer Macht ausgeliefert sein wollen, die scheinbar über uns bestimmt?

Alle Lebenserfahrungen – sowohl unsere persönlichen, als auch die der Menschen, mit denen wir zu tun haben, und auch die, welche uns in den großen Geschichten, Dramen, Mythen und Märchen der Weltliteratur vermittelt werden – zeigen, dass sich der Einzelne nicht aus dem großen Ganzen ausklinken und auf einen Egotrip gehen kann. Wir bleiben eingebunden in die Gemeinschaft der lebendigen Wesen, speziell der Menschheit, in der jeder Einzelne die Chance zur Entwicklung eines individuellen Bewusstseins hat, das er für sich selbst und zu Gunsten des Ganzen nutzen kann. Insofern gibt es eine gewisse Freiheit für das eigene Leben, doch bestimmt wird es im Sinne der Entfaltung des Ganzen, im Sinne einer nicht nur biologischen, sondern – vielleicht sogar vor allem – geistigen Evolution. Und darin hat jeder Einzelne seinen ihm zugewiesenen Platz, auf dem er gewisse Freiheiten für sich in Anspruch nehmen kann.

Dies bedeutet, dass es das Vernünftigste ist, uns kundig zu machen, wo unser Platz ist, wie er aussieht und was wir darin für einen Stellenwert oder eine Aufgabe haben. Wenn wir sehr aufmerksam das betrachten, was uns zufällt, können wir es erfahren. Es wird uns immer mitgeteilt, wenn wir es wirklich wissen wollen. Oder, anders gesagt: Wer seinen Sinn sucht, findet ihn, er wird ihm „zugespielt".

Es geht also darum, sich bewusst in die große Menschheitsgemeinschaft einzuklinken, „Ja!" zu sagen zu dieser „Familie", dieser „Heimat", und bereit zur „Mitarbeit" oder zum „Mitspielen" zu sein, neugierig zu werden auf das „System", auf die „Spielregeln" und sich dem anzuvertrauen, was uns führt. Es wird sich immer zu erkennen geben – vornehmlich in Form von sinnvollen Zufällen, von Synchronizitäten.

Das, was wir gerade erst zu erkennen beginnen, ist im Wissen der Seher, in den Zukunftsvisionen der Propheten längst beschrieben worden. Wenn wir unsere Köpfe von Voreingenommenheiten, festgefügten Theorien und einengenden Konzepten über ein bestimmtes Sosein der Welt befreien, wenn wir uns erlauben, offen und neugierig wirklich wissen zu wollen, wenn wir unsere Augen öffnen und unser Bewusstsein weiten, können wir selbst sehen, wohin unsere Reise geht. Wir können uns also führen lassen von einer kleinen Erleuchtung zur nächsten.

C. G. Jung scheute sich nicht, das aufzugreifen, was letztlich für alle einsehbar da lag und liegt, um die Menschen, mit denen er arbeitete, darauf aufmerksam zu machen. Es gibt immer und überall Menschen, die ein bisschen genauer hinschauen als andere, die ihren Blick offen halten für Zukünftiges und die auch freundlich genug sind, es den anderen mitzuteilen. So hat halt ein jeder seine Aufgabe, der er nachkommen kann – oder auch nicht, dann übernimmt es jemand anders.

Darum geht es also: um die Entdeckung, Entfaltung und Weitung des Bewusstseins. Doch, was entscheidend ist: es muss nicht nur entdeckt, entfaltet und geweitet werden. Denn das nützt nichts oder nur wenig, wenn man es nicht halten kann. Hier liegt die Schwierigkeit. Eine wunderbare Erkenntnis zu haben ist relativ leicht. Wenn sie jedoch, so schnell sie aufgetaucht ist, ebenso rasch wieder ins Unbewusste zurücksinkt, erreichen wir nicht das, wohin wir unterwegs sind - in die Glückseligkeit des ewigen Seins, des ewigen Friedens, der ewigen Stille.

Wie es geht, das Bewusstsein zu halten? Die Antwort auf diese Frage können uns am besten die Sportler geben: trainieren, trainieren, trainieren. Da spielt es keine Rolle, ob jemand den „Sport des Bewusstseinhaltens" aus reinem Vergnügen alleine oder mit anderen zusammen ausübt oder ob er daraus eine Profession macht und vielleicht sogar zu den „Olympischen Spielen" will - wenn es diese dafür gäbe.

Aber es lässt sich mit den Olympischen Spielen, die in ihrer Anfangszeit auch die „heiligen Spiele" genannt wurden, durchaus vergleichen:

Das Olympische Feuer, das dem Bewusstsein entspricht, wird in großer Ernsthaftigkeit und Konzentration zum jeweiligen Austragungsort der Spiele gebracht, wobei ein Läufer die Fackel, die an der ewigen Flamme entzündet wurde, an den nächsten Läufer und dieser wieder an den nächsten usw. weiterreicht.

So brennt das Fünklein der Seele von Leben zu Leben fort, wird stärker und stärker, bis es eines Tages die eine große Flamme des reinen Bewusstseins erreicht hat und sich mit ihr wieder vereinen kann.

Spielfreude gehört dazu, die Begeisterung und auch die Liebe zum Ganzen, das Verantwortungsbewusstsein für das Ganze und für das Erreichen des Ziels.

Und wie die Träger des Olympischen Feuers mögen auch wir Einzelnen uns gegenseitig die Fackel des Bewusstseins überreichen. Zum Beispiel, indem wir uns gegenseitig die beobachteten Synchronizitäten mitteilen, an den kleinen Erleuchtungen teilhaben lassen. So können wir ein Lichtnetzwerk bilden von Mensch zu Mensch, von Land zu Land, von Generation zu Generation, ein globales, die Zeit transzendierendes leuchtendes Feld.

Das Achten auf die synchronistischen Ereignisse hilft uns dabei. Und was wir sonst noch brauchen? Aufmerksamkeit, Aufmerksamkeit, Aufmerksamkeit.

Und zum Abschluss dazu noch eine kleine Geschichte:

„Eines Tages sagte ein Mann aus dem Volk zu Meister Ikkuyu:

‚Meister, wollt Ihr mir bitte einige Grundregeln der höchsten Weisheit aufschreiben?'

Ikkuyu griff sofort zum Pinsel und schrieb: ‚Aufmerksamkeit.'

‚Ist das alles?' fragte der Mann. Wollt Ihr nicht noch etwas hinzufügen?'

Ikkuyu schrieb daraufhin zweimal hintereinander: ‚Aufmerksamkeit, Aufmerksamkeit.'

‚Nun', meinte der Mann, ziemlich gereizt, ‚ich sehe wirklich nicht viel Tiefes und Geistreiches in dem, was Ihr gerade geschrieben habt.'

Daraufhin schrieb Ikkuyu das gleiche Wort dreimal hintereinander: ‚Aufmerksamkeit, Aufmerksamkeit, Aufmerksamkeit.'

Halb verärgert begehrte der Mann zu wissen: ‚Was bedeutet dieses Wort »Aufmerksamkeit«überhaupt?'

Und Ikkuyu antwortete sanft: ‚Aufmerksamkeit bedeutet Aufmerksamkeit'."

Fazit

Wir sind am Ende dieses Buches angelangt.

Zu Beginn haben wir der Leserin, dem Leser gesagt, dass wir sie geleiten wollen auf einem Weg durch die Zeiten, durch das persönliche Leben und am Ziel zum Blick auf das Ganze. Nach alledem jedoch, was wir von der Synchronizität verstanden haben, stellt sich die Frage, ob es überhaupt einen Weg gibt, denn es ist alles gleichzeitig da, und das, was da ist, beruht auf einem einzigen Zustand: der Unbewegtheit des Geistes, der aus sich heraus die Bewegtheit schafft, die zur Form führt. Unaufhörlich, ohne Anfang, ohne Ende, ohne Raum und Zeit, gesteuert von Ideen und Zahlen, die eine Struktur bilden und Gesetze schaffen. Diese jedoch können sich genauso gut wieder auflösen, wie sie geschaffen sind.

Deshalb weigern sich manche Wissenschaftler, die nicht nur auf einen Bereich schauen, sondern das Ganze im Auge behalten, davon zu sprechen, dass es wirklich Gesetze gibt. So zum Beispiel Fritjof Capra, der dafür plädiert, Gesetze nicht als absolut zu sehen, sondern zu erkennen, dass sie nur aus einer bestimmten Sicht heraus existieren. Aber wenn wir uns das Ganze anschauen, lösen sich alle Gesetze auf, und es bleibt der „kosmische Reigen“, der unaufhörliche „Tanz Shivas“, das „ewige Spiel“.

Und wir können fragen: Gibt es in diesem Spiel denn wirklich einen Weg, oder gibt es nur das Bild des Weges?

Wenn wir auf die Evolution unseres Planeten schauen, meinen wir, einen Entwicklungsweg zu erkennen. Wenn wir auf das menschliche Leben schauen, sehen wir, dass es mit der Geburt beginnt und mit dem Tod endet. Das Dazwischen nennen wir den Lebensweg.

Doch wenn wir wissen, dass täglich weltweit Menschen zur gleichen Zeit geboren werden und zur gleichen Zeit sterben, löst sich der Weg wieder auf. Da macht es auch keinen Unterschied, wenn wir errechnen, dass zur Zeit mehr geboren werden als sterben. Denn nach den bisher gemachten Erfahrungen zu schließen ist anzunehmen, dass sich das irgendwann auch wieder ausgleichen wird.

Wo bleibt der Weg?

Es bleibt uns natürlich unbenommen, zu denken wie Newton oder wie Capra. Oder wie beide. Wir brauchen auch überhaupt nicht zu denken, sagen die alten Weisheitslehrer und Mystiker, es stört uns nur auf unserem Weg zu Gott, zum All-Einen. Und vor allem – da legen die alten Weisheitslehrer und die Mystiker sich in verbindender Eintracht fest – mögen wir uns doch selbst nicht so wichtig nehmen. Das Ich des Einzelnen, vor allem das, welches immerzu fragt: „warum?", „wieso?", „wozu?", ist nur hinderlich auf dem Weg zur Erleuchtung.

Vergebens bemüht sich da zum Beispiel der alte buddhistische Meister Huang-po, seinen Schülern zu vermitteln, dass es keinen Weg gibt, die Erleuchtung zu erlangen, dass man sie weder erlernen noch erfasten, ja eigentlich gar nicht erfassen könne. Doch er selbst entkommt nicht der Paradoxie, dass er etwas lehren möchte, was man eigentlich nicht lehren kann.

Wie sonst also kommen wir zum Glück, zum Zustand, den sich jeder sehnlichst wünscht, dem der Glückseligkeit, in dem alles Leid ein Ende findet? Erst wenn wir sehen, dass es kein Ende des Leids gibt, erkennen wir, dass es auch keinen Anfang des Leids geben kann. Leid ohne Anfang und Ende, doch ebenso: Glück ohne Anfang und Ende. Beides ist immer da, gleichzeitig, kann jederzeit einbrechen oder auftauchen in unserem Leben – unerwartet, plötzlich, bleibt eine Weile und geht wieder.

Womit wir bei der uralten Frage gelandet sind, die Menschen schon immer beschäftigt hat, ohne Ausnahme, ob sie den philosophischen oder naturwissenschaftlichen Bereichen angehören:

„Was ist der Sinn?“ Der Sinn des einzelnen Lebens, des Lebens an und für sich und des Menschen. Vielleicht ist dem Menschen ja eine besondere Stellung in diesem ewigen Spiel gegeben. Weil er in der Lage ist, Fragen zu stellen und Antworten zu finden. Weil er über ein Bewusstsein verfügt, das ihm ermöglicht, das Ganze zu sehen: den Weg von Ursache und Wirkung und das Zusammenspiel von Materie und Geist, das Einssein von Innen und Außen. So kann er einen Weg gehen und auch wieder anhalten, wenn zum Beispiel eine Synchronizität, ein sinnvoller Zufall, ihn veranlasst, sich seines Bewusstseins bewusst zu werden und zu fragen: „Was bist du?“

Diese Frage möge uns zur Erkenntnis führen darüber, wer und was wir sind, wer und was „das andere“ sei. Leider – das hat die Erfahrung bis heute gezeigt – nützt es uns wenig, wenn jemand versucht, es zu erklären, zu errechnen, zu beweisen. Weil ja dahinter gleich eine neue Frage auftaucht, wie im Gebirge, wo immer nach dem Gipfelerlebnis schon der nächsthöhere Berg wartet. Und nach ganz oben, wie zum Beispiel auf den Mount Everest, gelangen sowieso nur sehr wenige. Und was wissen sie? Da oben?

So viel und so wenig wie die anderen in den Niederungen. Doch sie haben eine Erfahrung gemacht. Die Erfahrung des Gehens, Steigens, der Anstrengung, der Entbehrungen und des Glücksgefühls am Ende – oder der Bitterkeit des Scheiterns.

Und allein diese Erfahrungen bleiben unvergänglich, unveränderlich, allgegenwärtig. Sie verdichten sich zu einem wertvollen Schatz des Einzelnen, den er nicht missen möchte. Vielleicht gibt es ja in der unermesslichen Weite des absoluten Wissens so etwas wie eine – persönliche und überpersönliche – „Schatzkammer“, wohin jeder Zutritt hat, wo jeder willkommen ist, wo sowohl das Kollektive wie auch das Individuelle seinen Wert „behält“?

Wenn es so ist – wir sind frei, davon auszugehen –, dann lohnt es sich, viele Erfahrungen zu machen und zu sammeln, offen und wach zu sein für das, was geschieht, es wahr- und anzunehmen. Denn vielleicht – wir sind frei, davon auszugehen – gibt es sogar einen großen Schatzmeister, der lächelnd alle individuellen Erfahrungen – die schönen, glücklichen, leidvollen, entbehrungsreichen, anstrengenden – in seinem Herzen verwahrt.

Wir möchten unser Buch mit einer kleinen Geschichte beenden:

„Während er in die Versammlungshalle trat, sagte der Meister Huang-Po: ‚Der Besitz vieler Arten von Kenntnissen lässt sich nicht mit dem Aufgeben der *Suche* nach irgend etwas vergleichen. Das ist das Beste aller Dinge. Es gibt nicht verschiedene Arten von Geist, und es gibt keine Lehre, die in Worte gefasst werden kann. Da nichts weiter zu sagen ist, ist die Versammlung geschlossen.“

Jetzt sind wir wirklich am Ende unseres Weges in diesem Buch angelangt.

Oder am Anfang?

Anmerkungen:

[1] Wolf, Fred Alan: Die Physik der Träume. Von den Traumpfaden der Aborigenes bis ins Herz der Materie. München 1997, S. 65.

[2] Linke, Detlef: Das Gehirn. München 1999, S. 91, 92.

[3] Ders.: S. 27.

[4] Ders.: S. 27.

[5] Lama Anagarika Govinda, In: Peter Gold: Wind des Lebens, Licht des Geistes: das heilige Wissen der Navaho und der Tibeter. München 1997, S. 133.

[6] Schaffer, Ulrich: . . . weil du einmalig bist. Lahr 1998.

[7] Jung, C. G.: Mysterium Conjunctionis. GW 14/II. Olten 1971, S. 93/94.

[8] Fischer, Ernst Peter: An den Grenzen des Denkens. Wolfgang Pauli – ein Nobelpreisträger über die Nachtseiten der Wissenschaft. Freiburg 2000, S. 7.

[9] Bohm, David: Die implizite Ordnung. München 1985, S. 11.

[10] Peat, F. David: Synchronizität. Die verborgene Ordnung. München 1987, S. 46/47.

[11] Ders.: S. 59.

[12] Ders.: S. 114.

[13] Ders.: S. 133.

[14] Koestler, Arthur: Die Wurzeln des Zufalls. Ist Zufall wirklich Zufall? Frankfurt 1974, S. 92.

[15] Peat: S. 15.

[16] Koestler: S. 96.

[17] Jung, C. G.: Synchronizität als ein Prinzip akausaler Zusammenhänge. GW 8. Olten 1971, S. 483.

[18] Peat: S. 39.

[19] Koestler: S. 45/46.

[20] Jung: GW 8, S. 490 ff.

[21] Bohm: S. 9 f.

[22] Fischer: S. 21.

[23] Penrose, Roger: Das Große, das Kleine und der menschliche Geist. Heidelberg 1998, S. 44.

[24] Ders.: S. 39.

[25] Jung: GW 8, S. 497.

[26] Jung: GW 8, S. 576.

[27] Meister Eckehart: Deutsche Predigten und Traktate. Zürich 1979, S. 205.

[28] Ders.: S. 193.